Ungleichheit

Piroschka Dossi
Robert von Weizsäcker

Ungleichheit

Eine phantastische Erzählung

 Springer

Piroschka Dossi
München, Deutschland

Robert von Weizsäcker
Lehrstuhl für Volkswirtschaftslehre
Technische Universität München
München, Deutschland

ISBN 978-3-658-10505-1   ISBN 978-3-658-10506-8 (eBook)
DOI 978-3-658-10506-8

Die Deutsche Nationalbibliothek verzeichnet diese Publikation in der Deutschen Nationalbibliografie; detaillierte bibliografische Daten sind im Internet über http://dnb.d-nb.de abrufbar.

Springer
© Springer Fachmedien Wiesbaden 2016

Titelbild: Scales, © oksix

Gedruckt auf säurefreiem und chlorfrei gebleichtem Papier

Springer Fachmedien Wiesbaden ist Teil der Fachverlagsgruppe Springer Science+Business Media
(www.springer.com)

Inhalt

Die Frage

Die Kluft zwischen Arm und Reich

Rerum cognoscere causas.

Vergil

»Das System erhebt keinen Anspruch auf Gerechtigkeit.« Mit diesem Satz beendete Professor Nikolaj Kirsanoff seine Vorlesung auf den Gongschlag. Entgegen seiner Gewohnheit, den Ort des Geschehens gleich zu verlassen, um dem Gedränge, dem Geruch oft getragener Kleidung, den überflüssigen Fragen und den Begrüßungen von Studenten zu entgehen, von denen er sich weder die Gesichter noch die Namen merken konnte, war er am Pult stehen geblieben, bis der Hörsaal sich geleert hatte. Er nahm seine Goldrand-Brille ab und stellte erleichtert fest, dass der Saal vor ihm verschwamm wie auf nasses Papier getupfte Farbe und er nur noch die Dinge in nächster Nähe deutlich wahrnahm. Er legte seine Armbanduhr wieder an und griff nach dem Wasserglas. In einer der oberen Bankreihen erhob sich eine Gestalt. Die Bewegung, mit der sie aufstand und die Treppe hinunter ging, zeichnete eine Linie, die sich wie ein weicher Pinselstrich durch das Aquarell des Hörsaals zog. Als er das Glas absetzte, stand sie, wie durch eine unsichtbare Tür aus der Unschärfe in sein Blickfeld getreten, in greifbarer Körperlichkeit vor ihm. Eine Frau. Das dunkle Haar, das ihr Gesicht umrahmte, und das offene Lächeln überraschten ihn. Ihm war, als habe er sie schon einmal gesehen. Selbst den grauen Tweed ihres schmal geschnittenen Kostüms schien er schon einmal berührt zu haben.

»Kennen wir uns?« fragte er, da er gewöhnlich sagte, was er dachte.

»Ich glaube nicht«, antwortete sie. »Ich verfolge Ihre Arbeit über ökonomische Ungleichheit und würde gerne ein Interview mit Ihnen führen.«

Warum hatte seine Sekretärin sie nicht abgewiesen? Keine Interviews! Wie er es ihr eingeschärft hatte. Aber seit sie einen Kater besaß, ließ sie es an Aufmerksamkeit fehlen. Dem Foto auf ihrem Schreibtisch und ihren begeisterten, bisweilen verliebten Schilderungen über sein Fell, seine Augen und seinen gewitzten Charakter hatte er entnommen, dass der Kater jenen Platz in ihrem Leben ausfüllte, den sonst ein menschlicher Lebensgefährte eingenommen hätte. Angesichts der unangenehmen Lage, in die sie ihn nun gebracht hatte, nahm er sich vor, mit ihr ein Grundsatzgespräch zur Trennung von Beruf und Privatleben zu führen.

Die Frau sprach weiter. Schleichende Entwicklung, gesellschaftliche Transformation und sozialer Sprengstoff waren Begriffe, die sie in wohlformulierten Sätzen vortrug. Den Nachnamen dieser Isabel Irgendwas hatte er vergessen, kaum dass sie sich vorgestellt hatte. Was ihn jedoch erreichte, waren die Farben ihrer Stimme – ein ruhiges Blau und ein hie und da aufblitzendes Gelb. Vielleicht war es die Erinnerung an eine in der Morgensonne glitzernde Wasseroberfläche, die ihn gegen alle Vorsätze in ein Interview noch am selben Nachmittag einwilligen ließ.

Als er das Vorzimmer seines Büros betrat, begrüßte ihn seine Sekretärin. Die Hochsteckfrisur und die hochgeschlossene Bluse verliehen ihr eine gewisse Strenge. Ihr Blick hingegen war freundlich und weich, beinahe mütterlich. Die ruhige Sorgfalt, mit der sie die Unterlagen sortierte, verriet, dass sie in der Welt des Alltäglichen zuhause war. Das erfüllte ihn mit heimlicher Bewunderung, während er selbst manchmal das Gefühl hatte, er sei mitten im Anflug auf diesen Planeten irgendwo im Blau, vielleicht in einer Wolke, hängen geblieben. So wenig ihr Name – sie hieß Miranda – zu ihrer Erscheinung passte, so sehr erschien ihm seine Bedeutung – die Bewunderte – als Verneigung vor ihrer genügsamen Seele. Er entschied, mit dem Grundsatzgespräch zu warten und beschloss, das Interview mit jenem Gedanken einzuführen, mit dem er seinen Vorlesungszyklus begonnen hatte.

Damals stand er im vollbesetzten Hörsaal vor der Tafel und illustrierte mit wenigen Kreidestrichen ökonomische Zusammenhänge. Es faszinierte ihn jedes Mal aufs Neue, wie es möglich war, auf einer zweidimensionalen Fläche mehrdimensionale Modelle, ja Weltsysteme, in Schrift und Zahl darzustellen – diesen beiden zu unendlicher Tiefe fähigen Symbolsystemen.

»Auf der Erde leben heute über sieben Milliarden Menschen in unterschiedlichsten ökonomischen Verhältnissen. Stellen Sie sich vor, der Globus würde auf einen einzigen überschaubaren Ort zusammenschrumpfen und die sozioökonomischen Merkmale seiner Bewohner wären dort genauso verteilt wie im Weltmaßstab.«

Mit Kreide zeichnete er einen Kreis auf die Tafel.

»Nennen wir diesen Ort Anderland. Hier gibt es alles, was der Mensch begehrt, doch die Mehrheit seiner Bewohner kann nur davon träumen. Nahrungsmittel werden im Überfluss produziert. Dennoch hungert ein Achtel der Bevölkerung. Die reichsten zwei Prozent besitzen mehr als die Hälfte des Gesamtvermögens. In Anderland ist die Kluft zwischen den Reichsten und den Ärmsten gegenwärtig größer als je zu-

vor, und sie nimmt weiter zu. Aber auch wenn wir nicht Anderland, meine Damen und Herren, sondern die nationale
Dimension einzelner Länder betrachten, stellen wir fest, dass
die ökonomische Ungleichheit dort ebenso zugenommen
hat. Anderland ist überall. In Deutschland besitzen die ver-
mögendsten zehn Prozent der Bevölkerung einen Anteil von
mehr als 60 Prozent am gesamten Vermögen. Die Einkom-
mensschere hat sich weiter geöffnet, mit der Folge, dass die
untersten 70 Prozent der Vermögensverteilung nur noch über
einen Anteil von knapp 9 Prozent am Gesamtvermögen ver-
fügen und 27 Prozent der Bevölkerung gar kein Vermögen besitzen oder sogar verschuldet sind. In vielen Ländern haben
sich in den letzten drei Jahrzehnten ähnliche Entwicklungen
vollzogen. Das ist eine der größten Einkommens- und Kapi-
talverschiebungen innerhalb von Gesellschaften, ohne dass
eine Revolution oder ein Krieg dazu beigetragen hätte. Die
Kraft, die diese Veränderung hervorbringt, ist die Marktwirtschaft. Das Problem der ökonomischen Ungleichheit ist so alt
wie die menschliche Zivilisation. Die Frage, die wir uns als
Ökonomen stellen und die wir in diesem Semester behandeln,
lautet also« – Nikolaj trat an die Tafel und schrieb – »Was
steckt hinter der riesigen Kluft zwischen Arm und Reich?«

Der Vogelschwarm

Von einer Welt zur anderen

Daher ist es betrachtungswerth, ja wunderbar, wie der Mensch, neben seinem Leben *in concreto,* immer noch ein zweites *in abstracto* führt.

Arthur Schopenhauer

Seine chronische Müdigkeit wurde er nicht los. Am Morgen kam er kaum aus dem Bett. Nur dank seines ihm anerzogenen preußischen Pflichtbewusstseins erhob er sich und stakste schlaftrunken in das Grau seines sich mit beruhigender Regelmäßigkeit wiederholenden Alltags hinein. Jetzt saß er wieder am Schreibtisch, der – wie er neulich mit einem Anflug von Heiterkeit bemerkt hatte – klein war aber hoch. Seine Sekretärin hatte nicht gleich verstanden, was er damit gemeint hatte: die stetig wachsenden Türme von Unterlagen, Anfragen, Veröffentlichungen, Statistiken, Klausuren, Doktorarbeiten. Feinsäuberlich wie mit dem Lineal übereinandergestapelt bildeten sie eine Skyline, die ihm mehr und mehr den Blick auf den freien Himmel vor seinem Fenster versperrte.

Er sah hinaus. Makelloses Blau. Pure Fläche. Reine Geometrie. So wie er es liebte. Selbst auf seinem überladenen Schreibtisch herrschte geometrische Ordnung, wie auf dem Schachbrett, seinem eigentlichen Territorium, das ihm realer erschien als die so genannte wirkliche Welt, deren Notwendigkeiten, Eindrücken und Reibungen er sich nur widerwillig aussetzte.

Ein Vogelschwarm zog durch das Himmelsviereck. Hatte diese Isabel ihn nicht gefragt, ob ökonomische Prognose aufgrund von Modellen auch nicht mehr sei als das Lesen im Flug von Vögeln? Mit einem Lächeln hatte sie ihre Frage abgeschossen wie einen kleinen giftigen Pfeil. Ihren übermütigen Angriff hatte er am Schild seiner Rhetorik abprallen lassen, welche er ebenso überzeugend wie gewandt in den Dienst seines überlegenen Wissens zu stellen wusste.

Die Silhouetten der Vögel zeichneten sich schwarz vor dem makellosen Blau ab. Er verfolgte, wie sie in dreieckiger Formation um den Glockenturm des Universitätsgebäudes flogen und weiß aufleuchtend an derselben Stelle aus seinem Blickfeld verschwanden, an der sie wie aus dem Nichts aufgetaucht waren. Erscheinungen analysieren, Formeln konstruieren, Prognosen ableiten: eine moderne Version des Wahrsagens? Sollte er einer von diesen Kaffeesatzlesern sein, wie er die Analysten des Finanzmarkts verächtlich nannte? Der Anflug eines Zweifels beschlich ihn. Die Uhr auf dem Glockenturm zeigte fünf vor zwölf. Nikolaj legte seine Brille ab, massierte die Nasenwurzel und schloss die Augen. Es war noch nicht einmal Mittag, und er war schon wieder müde. Nein, der Vorwurf traf ihn nicht. Er war Wissenschaftler, der rationalen Wahrheitsfindung verpflichtet – und der Schönheit abstrakten Denkens verfallen.

Nikolaj vertiefte sich in alles, was seinen Verstand zu fesseln vermochte, mit einer obsessiven Leidenschaft, die im Gegensatz zu seinem heiter und irgendwie schwerelos wirkenden Wesen zu stehen schien. Das meiste, was andere Menschen beschäftigte, innerlich auf Trab und ihre Konversationen in Gang hielt, langweilte ihn. Die Ereignisse des Alltags nahm er kaum wahr, und wenn er in ein Gespräch darüber verwickelt wurde, merkte er, dass er sie nicht nur vergessen hatte, sondern auch jedes Mal von Neuem an der Lösung des Rätsels scheiterte, was den Menschen daran so wichtig war. Ihn beschäftigten ganz andere Dinge – Dinge, die seine eigentliche und tiefste Verbindung zum Dasein ausmachten: das Denken, Wahrnehmen und Erkennen dessen, was man gemeinhin für die Wirklichkeit hält. So faszinierte ihn, wie ein Künstler auf einer zweidimensionalen Fläche dreidimensionale Räume entstehen lässt und diese Illusion im Auge des Betrachters zur Wirklichkeit wird, ganz so wie die Betrachtung der eigenen Annahmen über die Welt die Illusion erzeugte, man betrachte die Welt selbst. Auch seine Forschungsarbeit bestand darin, präzise Modellwelten zu entwerfen, und ihm war bewusst, dass diese Konstruktionen ebenso wenig Wirklichkeitscharakter besaßen wie eine gemalte Pfeife. Doch erlaubten sie ihm, mit großer Tiefenschärfe wirtschaftliche Zusammenhänge zu erfassen, die sich sonst im Nebel der Begriffslosigkeit verlieren würden.

Er stand auf, ließ die urbane Landschaft aus papiernen Türmen, Flachbauten, mehrstöckigen Häuserzeilen und rechtwinklig verlaufenden Straßenschluchten hinter sich, die mittlerweile auch den Konferenztisch überzogen hatte, ging an dem großen, in farbige Quadrate aufgeteilten Gemälde vorüber, in deren Gehäusen technische Objekte undefinierbaren Charakters schlummerten wie Küken in der Eierschale, und machte sich auf die Reise zu dem blauen Sofa, um ein wenig von dem Schlaf nachzuholen, der ihm in der Nacht versagt geblieben war. Er nahm den Kunstband zur Hand, der auf dem Tisch neben dem Sofa bereit lag und vertiefte sich in einen der abgebildeten Holzschnitte. Er stellte einen Schwarm schwarzer und weißer Vögel über einer Landschaft dar, von denen die einen ins Tageslicht flogen und die anderen in eine nächtliche Gegenwelt. Hatte er diese Vögel nicht eben am Fenster vorbeiziehen sehen? Einen Moment lang war er versucht, dem Zufall eine über seine Zufälligkeit hinausgehende Bedeutung beizumessen. Doch er glaubte nicht an Zeichen. Und so gab er sich mit wachsendem Vergnügen dem mathematisch ausgeklügelten Spiel hin, das dieses Bild mit seiner Wahrnehmung trieb, bis er über dessen Betrachtung einnickte.

M. C. Escher's »Day and Night« © 2015 The M. C. Escher Company – The Netherlands. All Rights reserved. www.mcescher.com

Der Regenschirm

Aufbruch nach Anderland

Is this the real life, is this just fantasy?

Freddie Mercury

Ein kühler Luftzug wehte ins Zimmer. Nikolaj schloss das Fenster.

»Es wird regnen. Darf ich Sie zu Ihrem Auto bringen?«

Isabel nahm sein Angebot an. Nikolaj half ihr in den Mantel und griff nach seinem Regenschirm.

»Er ist außergewöhnlich schön« sagte Isabel, die sich angewöhnt hatte, billige Schirme zu benutzen, da sie diese meist irgendwo vergaß. Vielleicht war es auch andersherum, und sie vergaß diese Schirme, weil sie billig waren und ihr deshalb nichts an ihnen lag. Die wahre Kausalität zu bestimmen, erschien ihr immer schon als ein besonders schweres Unterfangen.

»Ein Geschenk«, sagte Nikolaj knapp, als handele es sich um nichts von Bedeutung. In Wahrheit hatte er alle Einzelheiten jenes Morgens, als sein Professor ihm ein überraschendes Abschiedsgeschenk gemacht hatte, genauestens in seiner Erinnerung bewahrt. Manchmal, wenn ihn aus einem Grund, den er nicht zu bestimmen vermochte, danach verlangte, öffnete er diese Geheimschublade und betrachtete die darin aufbewahrten Bilder. Während er mit Isabel die breiten Steinstufen des Universitätsgebäudes hinabging, öffnete sich jene Schublade wie von selbst, und er sah, wie der alte Herr ihm ein längliches, notdürftig in Zeitungspapier eingewickeltes Paket mit den Worten überreichte: »Für meinen talentiertesten Schüler den britischsten aller Gegenstände.« Nikolaj erinnerte sich, wie er errötet war und verlegen den Kopf gesenkt hatte, um das Paket zu öffnen. Es enthielt einen Schirm aus nachtblauer Seide. Mit den Fingerspitzen hatte er die Fallschirmseide berührt und über das polierte Birkenholz des elegant geschwungenen Griffs gestrichen, dem stilisierten Kopf einer Wildgans. Ihr Hals endete in einer vergoldeten Messingmanschette, in die seine Initialen geprägt waren: *N. K.*

»Es mag ein nationales Versagen sein, aber Regentage sind nun einmal *very british*«, waren Anthonys Worte gewesen, »außerdem wird es Ihnen mit einem windstabilen Regenschirm ein Leichtes sein, sich in die Lüfte zu erheben und zu neuen Höhen aufzuschwingen. Sie werden sehen«, hatte er ihm zugezwinkert, »es ist der ultimative Rettungsschirm in allen Lebenslagen.«

Bezaubert vom Charme seines akademischen Lehrers, der ihm geistiger Vater, ein unerbittlicher Kritiker und respektvoller Freund gewesen war, hatte Nikolaj sich entgegen seiner reservierten Natur zu einer spontanen Geste hinreißen lassen: er hatte ihn umarmt. Der kurze Augenblick der Nähe zu dem alten kleinen Mann, der sich in seinen Armen erstaunlich zart und zerbrechlich anfühlte, hatte ihn ein Stück freier gemacht. Jetzt, als er das schwere Holzportal des Universitätsgebäudes aufdrückte, dachte er an diesen Augenblick zurück. Es war ein Moment des Glücks gewesen.

Kaum stand er mit Isabel auf dem Bürgersteig, begannen auch schon die Blätter zu ihren Füßen in konzentrischen Kreisen zu wirbeln.

»Irgendwie – hypnotisch«, meinte Nikolaj.

»Ja, man darf nicht zu lange hinschauen.« Isabel sah zu Nikolaj auf, der einen Kopf größer war als sie. Als ihre Blicke sich trafen, sah er, dass sie schöne Augen hatte.

Der Bodenwind hob sich und fuhr mit einem Flirren und Rascheln in die Baumkronen. Erste Tropfen fielen.

Nikolaj sah nach oben.

»Sehen Sie die dunkle Wetterfront dort oben über den Kastanienwipfeln? Man kann zusehen, wie sie näher kommt. Es wird nicht mehr lange dauern.«

Er spannte den Schirm auf. Sie rückte ein wenig näher an ihn heran.

»Der Wetterbericht im Autoradio hat eine Sturmwarnung gegeben.«

Der Wind blies ihnen entgegen. Nikolaj zog das Jackett zu.

»Möchten Sie umkehren? Sie können gerne in meinem Büro warten, bis der Sturm vorüber ist.«

»Nein, es ist nicht mehr weit.«

Der Himmel verdunkelte sich grauviolett. Das Rauschen nahm zu, und der Wind fuhr mit machtvollem Drängen in die Baumkronen. Wild trieb er Äste und Zweige auseinander, glitt über die biegsamen Blätter, deren helle Unterseiten sichtbar wurden, wirbelte durch die Dolden, so dass Wolken weißer Blüten herabregneten. Isabel konnte sich nicht losreißen von diesem Schauspiel, in dem sie die naturgewaltige Manifestation einer alle Lebenskräfte entfesselnden leidenschaftlichen Umarmung sah.

Nikolaj hingegen wurde den Eindruck nicht los, dass der Wind, der sie mit wachsender Vehemenz bedrängte, anfing, in enger werdenden Kreisen um sie herumzuwirbeln. War er überhaupt wach, oder träumte er nur? Er schloss seine Hand fester um den Griff des Regenschirms und legte instinktiv seinen Arm um Isabel, die den Ernst der Lage nicht zu bemerken schien. *Windstabil,* war das nicht das Wort gewesen, das Anthony benutzt hatte, als er ihm den Schirm überreicht hatte? Windstabil? Eine unsichtbare Kraft ballte sich unter dem Schirm, als Nikolaj merkte, wie er den Boden unter den Füßen verlor.

Er musste wohl träumen, denn innerhalb eines Zeitraums, der unendlich viel kleiner war als das Vorrücken des Sekundenzeigers auf seiner Armbanduhr, landeten sie an einem Ort, den er keiner vertrauten Geographie zuordnen konnte. Das Universitätsgebäude und die von Kastanien gesäumte Straße waren verschwunden. Stattdessen breiteten sich Wiesen und Äcker aus, hell und dunkel wie die Felder eines Schachbretts, hie und da eingefasst von Waldstücken, aus denen Vogelgezwitscher erklang. In der Ferne erhoben Berge ihre schneebedeckten Spitzen.

»Wo sind wir?«

»Das musst Du doch wissen«, erwiderte Isabel, »wir sind schließlich in Deinem Territorium, nicht in meinem.«

Sie richtete ihr zerknautschtes rotes Kleid her. Als sie an sich heruntersah, fing sie an zu lachen.

»Siehst Du, was ich sehe?«

Nikolaj fuhr sich durchs Haar.

»Was meinst Du?«

»Na, dieses Kleid!« Sie drehte sich einmal um sich selbst.

»Es ist jenes, das ich als Mädchen im Schaufenster des Kinderbekleidungsgeschäfts in unserer Stadt Tag für Tag bewundert, aber niemals bekommen habe! Sieh mal – die Schleife! Und der weite Rock!«

Sie drehte sich mit ausgebreiteten Armen einmal um die eigene Achse, und der Rock hob sich, so dass Nikolaj ihre schlanken langen Beine sehen konnte.

»Ich fühle mich wie vierzehn!«

»Und sieh Dich an!« Sie lachte, und schlug die Hände vor der Brust zusammen: »Du bist ja höchstens siebzehn!«

Nikolaj lächelte und sah ebenfalls an sich herunter. »Na ja, aber genauso groß wie sonst. Immerhin!«

Auf welche Weise hatten sie Raum und Zeit durchquert? Ein bisschen unheimlich war ihm schon zumute, aber er ließ sich nichts anmerken. War er derselbe? Ein anderer? Vor allem: konnte er noch denken? Diese Besorgnis sollte ihn bis zum Ende der Reise nicht mehr loslassen. Er blickte zum Himmel, um sich zu orientieren. Ein Vogelschwarm zog gen Osten.

Isabel zupfte ihn am Ärmel.

»Komm, wir folgen ihm!«

Nikolaj fand die Idee ziemlich abstrus, einem Vogelschwarm zu folgen. Aber in Ermangelung einer vernünftigeren Alternative beschloss er, sich darauf einzulassen. Und so machten sie sich auf den Weg. Je länger sie dahin schlenderten, bald schweigend, bald miteinander plaudernd, desto mehr fand er Gefallen daran, so dass ihn unversehens eine heitere Unbeschwertheit erfüllte, die er seiner plötzlich wiedererlangten Jugend zuschrieb.

Die Landkarte

Modell und Wirklichkeit

Die Sonne stand schon hoch am Himmel. Wiesen und Felder blitzten noch im Tau. Der Klatschmohn leuchtete rot, die Getreidehalme schimmerten bald silbrig, bald grün. Was für eine Landschaft! Was für ein Gefühl von Ewigkeit! Nikolaj fiel ein, dass Filmregisseure jede Szene in allen nur erdenklichen Details lebensecht ausstatteten und damit überzeugende Illusionen schufen. Wer auch immer diesen Ort erschaffen haben mochte, musste denselben kinematographischen Prinzipien gefolgt sein. Es dauerte nicht lange, und sie erreichten einen Fluss und schließlich eine kleine Stadt, deren Fassaden den Eindruck friedlicher Aufgeräumtheit erweckten. Und doch wäre Nikolaj nicht überrascht gewesen, die Rückseite von Kulissen zu entdecken, sollte er durch eine der Türen treten.

»Ein Laden!« rief Isabel begeistert. »Lass uns hineingehen!«

Die hölzerne Front war blassgrün gestrichen, teilweise verblichen, teilweise abgeblättert, so dass sich, wenn man nur lange genug darauf sah, in der Tiefenwirkung farbige Erscheinungen zu materialisieren begannen.

Warum sie ausgerechnet diesen Laden betreten sollten, dessen einzige Schaufensterauslage aus einer Krone auf einem verblichenen Seidenkissen bestand, blieb Nikolaj verschlossen. Doch da er es für eine ebenso unerklärliche wie unabänderliche weibliche Eigenschaft hielt, auf unerfindliche Weise zu plötzlichen Entscheidungen zu kommen, hielt er Isabel klaglos die Tür auf.

Sie betraten einen hohen, holzgetäfelten Raum mit Regalen, die bis unter die Decke reichten. Den Boden bedeckte ein Teppich, dessen zartfarbige, in blau, grün, gelb und rosa gehaltene Muster und Flächen eine Weltkarte bildeten. Über die Decke breitete sich der Sternenhimmel der nördlichen Hemisphäre aus. Dort kannte Nikolaj sich aus.

»Sieh nur«, flüsterte Isabel ihm ins Ohr. »Globusse, Landkarten, Atlanten, Sternkarten, Teleskope und solches Zeug! Kannst Du fragen, ob es eine Karte dieses Ortes gibt?«

Es duftete nach Tee.

Hinter der Theke stand eine Eidechse, grünlich schillernd, mit einer randlosen ovalen Brille und freundlich dreinblickenden goldenen Augen. Ihre zarten kleinen Hände umschlossen eine weiße Porzellantasse.

»Kann ich Ihnen behilflich sein?«

Nikolaj drehte sich nach Isabel um. Sie nickte ihm zu.

»Wir, wir suchen eine Karte, dieses – dieses Ortes.«

Nikolaj versuchte seiner Verwirrung Herr zu werden.

»Wir sind – Touristen.«

Er verabscheute alles was kreuchte und fleuchte und erin-

nerte sich mit Grausen daran, wie sein jüngerer Bruder ihm einmal unverhofft eine kleine Kröte in die Hand gesetzt hatte. Der Anblick einer Eidechse, die halb so groß war wie er selber, mochte sie auch noch so freundlich dreinschauen, sich noch so gewandt ausdrücken und noch so manierlich an ihrem Tee nippen, versetzte ihn in einen kaum zu kontrollierenden Alarmzustand. Er zwang sich ruhig zu atmen und heftete seinen Blick auf die Miniatur-Montgolfièren, die hinter der Eidechse im Regal standen. Doch es half nichts. Der lange Schwanz der Echse strich an der Regalwand entlang, und jedes Mal, wenn er einige der in den unteren Fächern zusammengerollten Landkarten berührte, war ein eigenartiges Rascheln zu hören, das aus der Reibung der schuppigen Eidechsenhaut mit dem glatten Papier herrührte.

»Ach, Sie meinen Anderland.« Die Eidechse stellte die Tasse behutsam ab. »Wie genau soll sie denn sein? Wir haben Karten in allen Maßstäben. Auch historische Karten, denn Anderland war nicht immer so, wie es heute ist. Es war, Sie wissen schon, weniger mathematisch. Die Zeiten ändern sich, der Geist ändert sich, die Werte ändern sich, tja, und die Leute. Aber das brauche ich gebildeten Menschen wie Ihnen ja nicht zu sagen.«

Nikolaj und Isabel sahen einander fragend an.

»Nun, es kommt darauf an, wofür Sie die Karte brauchen. Ob Ihnen ein paar oberflächliche Eindrücke genügen, oder ob Sie Anderland wirklich kennenlernen wollen. Denn, wissen Sie, in jedem noch so kleinen Detail kann eine Information stecken, die Ihrer Orientierung dient, ein Hinweis für Ihre Reise.«

Nikolaj verdrehte die Augen.

»Wir wollen einfach nur eine Karte.«

Die Eidechse, die ihn freundlich beobachtete, nahm einen Schluck Tee und redete dann unbeirrt weiter.

»Einfach ist hier gar nichts. Im Gegenteil – hier ist alles höchst kompliziert. Deshalb rate ich zu einem möglichst großen Maßstab. Sonst verlassen Sie unser Anderland womöglich, ohne es richtig kennen gelernt, geschweige denn verstanden zu haben.«

Er beugte sich über die Theke: »Ich will offen mit Ihnen sein. Es wäre eine vertane Chance, denn, das darf ich Ihnen sagen, die Wahrscheinlichkeit, Anderland ein zweites Mal zu besuchen, ist nahe Null. Die wenigsten Menschen finden überhaupt hierher.

Welches wäre denn die größte Karte, die Sie in Betracht ziehen?«

»Nun, vielleicht im Maßstab 1:1000?«

»Nur 1:1000? Wir kamen in unserer Kartenwerkstatt schon sehr bald auf 1:100, dann auf 1:10, und da wir diesen einmal eingeschlagenen Weg der größtmöglichen Präzision konsequent zu Ende gedacht haben, weil wir unseren Gedanken, wie Sie selber wissen, nun einmal ebenso gewohnheitsmäßig wie blindlings folgen, fertigten wir eine Karte im Maßstab 1:1 an. Das ist die einzige, die ich Ihnen, so wie ich Sie beide einschätze, mit gutem Gewissen empfehlen kann.«

Die Eidechse sah Nikolaj an, und dann Isabel, und wartete auf eine Antwort.

Isabel ergriff das Wort:

»Haben Sie diese Karte jemals ausgebreitet?«

»Sie würde ganz Anderland bedecken. Nicht auszudenken, was das für die Landwirtschaft bedeuten würde, die Strompreise, das Gesundheitssystem, den politischen Frieden. Wir benutzen Anderland selbst als Karte. Ich mache Ihnen einen guten, einen exzeptionellen Preis.«

»Aber –«

»Keine Widerrede. Meine Aufgabe als Karten-König – Sie haben die Krone doch gesehen, nicht wahr? – besteht darin, Ihren Aufenthalt so vorzubereiten, dass er eine unvergessliche Erfahrung tieferen Verstehens für Sie wird, die Sie mit nach Hause nehmen – in Ihr Alltagsbewusstsein gewissermaßen.«

›Ein Eidechsenkönig? Warum nicht gleich ein Froschkönig wie im Märchen?‹ dachte Nikolaj ungehalten und zückte sein Portemonnaie.

»Nein, lassen Sie das. Ich möchte Ihren Schirm.«

Nikolaj sah zu Isabel, und Isabel sah zum Eidechsenkönig.

»Na?« fragte dieser und legte den Kopf zur Seite.

Isabel sah ihm prüfend in die goldenen Augen, dabei hätte deren betörender Schimmer auch die dunkelste Absicht zu verbergen vermocht. Isabel entschied, zu vertrauen. Sie nickte Nikolaj zu, der den nachtblauen Schirm widerstrebend auf den Tresen legte.

»Beehren Sie mich bald wieder, und viel Glück auf Ihrer Reise!«

Nikolaj hatte sich schon wieder auf eine der abstrusen Eingebungen von Isabel eingelassen. Wozu mussten sie seinen Lieblingsschirm hier lassen? Schließlich waren sie mit ihm hierher gelangt und wollten mit ihm auch wieder nach Hause zurückkehren. Wozu sollten sie überhaupt etwas für die Benutzung dieser angeblichen Landkarte bezahlen? Das widersprach jeglicher Logik. Nikolaj beschlich die Ahnung, dass sich jenseits ökonomischer Vernunft eine Welt des persönlichen Risikos eröffnete und für ihn das beginnen sollte, was man gemeinhin Abenteuer nannte.

Der Kater

Der Homo Oeconomicus

Sie begriffen, dass die Vernunft nur
das einsieht, was sie selbst nach ihrem
Entwurfe hervorbringt.

Immanuel Kant

»Ach, Nikolaj«, seufzte Isabel und legte den Kopf an die
Schulter ihres Reisegefährten, der sich neben ihr im Schatten
einer dichtbelaubten alten Eiche ausruhte. »Ich werde ganz
verrückt von dem Durcheinander.«

»Ach, Isabel«, hörte sie ein Echo, das aus der Baumkrone
kam. Sie blickte empor. Auf einem waagerechten Ast über ihr
lag träge ausgestreckt eine große schwarze Katze.

»Dagegen lässt sich nichts machen«, sprach die Katze weiter, »hier sind alle verrückt. Ich bin verrückt, Du bist verrückt.«

»Woher weißt Du denn, dass ich verrückt bin?« fragte Isabel, die nicht im Geringsten von der Gegenwart einer spre-
chenden Katze irritiert schien.

»Musst Du ja sein«, sagte die Katze, »sonst wärst Du doch
gar nicht hier.«

Nikolaj, der nur mit einem Ohr zugehört hatte, stutzte. Das Gespräch, in das Isabel im Begriff war verwickelt zu werden, kam ihm bekannt vor. Er hatte ein schlechtes Gedächtnis und vergaß selbst seine eigenen Einfälle innerhalb weniger Augenblicke und hatte seinen Doktoranden deshalb angewöhnt, in den Beratungsgesprächen mitzuschreiben, da er in den seltensten Fällen den Weg zu einer Idee zurückfand. Aber er erinnerte sich an Klänge. Auch an die Melodie dieses Gesprächs mit einer Katze im Baum. Woher zum Teufel kannte er sie?

»Verrückt ist«, fuhr die Katze fort und räkelte sich, »dass Du an das System glaubst, dessen Teil ich bin. Weder wärst Du hier, noch sähst Du mich, wenn Du nicht daran glauben würdest. Noch dazu ein System, das die Hypothese aufstellt, dass der Egoismus des Einzelnen dem Wohle aller dient und der Mensch ausgerechnet in seiner moralischen Unverlässlichkeit eine verlässliche Ordnung herzustellen vermag.«

Die Katze fuhr ihre Krallen aus und betrachtete sie. Dann sah sie Isabel in die Augen: »Aberwitzig, nicht?«

»Übrigens«, fuhr die Katze fort, »ich bin ein Kater. Darf ich mich auch Ihrem Begleiter vorstellen: als Vertreter des erfinderischen, listigen und produktiven Eigennutzes.«

Er zog seinen mit einer dunkelgrünen Feder geschmückten Hut und machte vor Nikolaj eine galante Verbeugung.

»Ist denn nicht die Ratio das Maß aller Dinge, das Kalkül die Basis allen Handelns und die Maximierung des Nutzens das Maß für das Glück?«

›Ein Homo Oeconomicus am Ende?‹ Damit hatte Nikolaj nicht gerechnet.

»Den Homo Oeconomicus gibt es gar nicht«, rutschte es ihm heraus. »Er ist nur ein theoretisches Modell, um gewisse ökonomische Probleme besser zu verstehen.«

»Warum reden Sie dann mit mir, wenn es mich gar nicht gibt?«

Nikolaj war sich nun ganz sicher: er träumte. Eigenartig war nur, dass er sich dabei hellwach fühlte.

Plötzlich stand der Eidechsenkönig vor ihnen. Er war gelaufen und schnappte nach Luft.

»Verzeihen Sie, dass ich Sie überfalle in Ihrer Zweisamkeit. Aber kaum dass Sie den Laden verlassen hatten, fiel es mir ein – haben Sie eine Aufenthaltsgenehmigung?«

Isabel und Nikolaj sahen einander an.

»Eine Aufenthaltsgenehmigung? Wo hätten wir sie denn herbekommen sollen?« fragte Nikolaj.

»Und wann?« fiel Isabel ein. »Ehe wir uns versahen, waren wir schon hier. Es blieb uns keine Zeit, über Reisevorbereitungen nachzudenken, denn alles geschah –«

»– in einem einzigen Moment«, beendete Nikolaj den Satz.

»Ja, das ist das Leben«, sinnierte der Eidechsenkönig, »ein einziger, flüchtiger Moment. Und richtig, ich nehme an, dass dies keine geplante Reise war, denn auf diese Weise gelangt man nicht nach Anderland. Entweder eröffnet sich einem der Weg auf ganz und gar unerwartete Weise, oder man wird niemals auch nur von der Existenz dieses Ortes erfahren. Aber – wo war ich stehengeblieben? – ja, ich neige zur Abschweifung, ein Laster, das ich bisher nicht etwa aus mangelnder Disziplin, sondern einzig und allein aus dem Grund nicht losgeworden bin, weil es mich stets aufs Neue mit Überraschungen beschenkt, die mir auf dem geradlinigen Weg versagt geblieben wären. Ach ja, alle Einreisenden benötigen eine Aufenthaltsgenehmigung, wie es in geschlossenen Systemen nun einmal üblich ist. Sie kennen das: der eiserne Vorhang, die chinesische Mauer. Visapflicht und strenge Grenzkontrollen. Aber das brauche ich weitgereisten Menschen wie Ihnen ja nicht zu sagen.«

»Und wo bekommen wir sie?« insistierte Nikolaj.

»Im Amt«, hörten sie eine Stimme von oben. »Dort werden Sie eingewiesen in das System und seinen unwiderlegbaren Nutzen aus allem, was sich in Zahlen messen und mit Geld aufwiegen lässt.«

Es raschelte im Blattwerk, und schon war der Kater mit

einem Satz vor ihnen gelandet. Isabel wähnte aus dem Augenwinkel einen Salto gesehen zu haben und war im Begriff, vor Freude Beifall zu klatschen, als sie bemerkte, dass außer ihr niemand dergleichen wahrgenommen hatte. Der Kater hob seinen zu Boden gerollten Hut mit einer eleganten Bewegung auf und sagte in einem Tonfall, der keinen Widerspruch duldete: »Ich werde Sie selbstverständlich dorthin begleiten.«

Die Torte

Eigeninteresse, Wohlstand
und Verteilung

Die Diener schnitten uns das Brot
zu Kegeln, Zylindern und Parallelo-
grammen und verschiedenen anderen
mathematischen Figuren.

Jonathan Swift

Mit Tugend bloß kommt man nicht
weit;
Wer wünscht, dass eine goldene Zeit
Zurückkehrt, sollte nicht vergessen:
Man musste damals Eicheln essen.

Bernard de Mandeville

Durch ein großes Portal traten sie in die Eingangshalle des
Amtes, dessen Monumentalität von einer Strenge war, die
nichts weniger als die Unterordnung der Eintretenden zu verlangen schien.

»Überwältigungsarchitektur«, murmelte Nikolaj, der eine
Abneigung gegen jegliche Form von Bevormundung hatte.

Isabel sah sich staunend um.

»Sieh nur – goldenes Licht!«

»Wir nähern uns also der Erleuchtung. Möge sie uns in Form einer Aufenthaltsgenehmigung zuteilwerden, Amen«, sagte Nikolaj und legte in gespielter Andacht die Hände zusammen.

Isabel warf ihm einen strahlenden Blick zu, den er auffing wie eine zugeworfene Blume.

»Unterschätzen Sie nicht die mit der Erteilung des Visums verbundene Unterweisung in die Regeln des Systems«, rief der Kater die beiden zur Ordnung. »Unsere Beamten verstehen sich als Diener einer höheren Wahrheit.«

Seine Worte weckten in dem streng erzogenen Nikolaj einen unwillkürlichen Gehorsam und zugleich dessen Gegenkraft – seinen Widerspruch und Freiheitsdrang. Wie Motor und Treibstoff bildeten sie den Antrieb seines Forschens, das sich gleich zu Anfang auf das mächtigste aller Systeme bezogen hatte – den Glauben an Gott.

Als Kind hatte er Abend für Abend neben seiner Mutter gesessen und die Seiten einer Bibel umgeblättert, die so groß war, dass sie aufgeschlagen nahezu die gesamte Fläche des Tisches bedeckte. Andächtig hatte er die Bilder betrachtet und den Geschichten gelauscht, die vom Walten Gottes und seiner unsichtbaren Hand auf Erden handelten und ihn manchmal so beunruhigten, dass er über den Widersprüchen, die er darin entdeckte, und den Fragen, die sie aufwarfen, nicht einschlafen konnte. Einmal riss er sich von seiner Mutter los, als sie ihn ermahnte, er solle sich beim Abendgebet vergegenwärtigen, dass Gott jede noch so gut verborgene Sünde erkenne. Welches Recht hatte Gott, ihn auszuspionieren? Wie konnte er bei Milliarden von Menschen den Überblick behalten? Und woher wusste ausgerechnet seine Mutter alles über dessen unergründliches Wirken? Bis er eines Tages zu dem Ergebnis kam, dass der Allmächtige eine Konstruktion des menschlichen Geistes sein musste.

»Nikolaj, wir sind im Grau!«

Isabels Stimme riss ihn aus den Gedanken.

»Im Grau?«

»Wo auch immer wir sind«, beharrte Isabel, »es ist nicht die Wirklichkeit.«

»Welche Wirklichkeit?« fragte Nikolaj zerstreut.

»In *dieser* gibt es jedenfalls keine Farben. Hier im Amt ist alles farblos!«

Als er Isabel ansah, begriff er, was sie meinte. Sie schien sich aus einem Schwarzweißfilm in die drei Dimensionen des Raums verirrt zu haben. Das dunkle Haar, die blauen Augen, die rosigen Lippen, sogar ihr rotes Kleid waren grau. Grau wie der Flanell seines Lieblingsanzugs.

»Das hier ist nicht das Leben«, sagte Isabel und wusste nicht, ob sie darüber verzweifelt, enttäuscht oder einfach nur neugierig sein sollte.

»Aber natürlich nicht! Es ist ein *Abbild* des Lebens«, sagte der Kater. »In manchem deutlich einfacher als das Leben, dafür in anderem einfach deutlicher.«

Tatsächlich hatten die Dinge in dem Maße an Tiefenschärfe gewonnen, wie sie an Farbe verloren hatten. Nikolaj konnte Entfernungen und Volumen von Körpern gewöhnlich genau einschätzen. Was sein Bewusstsein erreichte, waren jedoch nicht die von seinem Auge empfangenen Eindrücke, sondern die Rechenergebnisse, die das atemberaubend präzise Betriebssystem seines Gehirns daraus ableitete. Jetzt hingegen *spürte* er den Raum und nahm Isabel in nahezu hyperrealer Körperlichkeit wahr, so dass er sich versucht fühlte, sie zu berühren, so wie man eine Erscheinung berühren möchte, von deren Existenz man nicht ganz überzeugt ist.

»In welcher Welt sind wir hier?« fragte Isabel den Kater.

»In einer von unendlich vielen Welten, die parallel zueinander existieren. Oder hat nicht etwa jeder von uns seine eigene Welt im Kopf? Meine Dame, mein Herr, darf ich bitten?«

Dass es eine Reise von Dienststelle zu Dienststelle würde, deren Dauer ihnen aufgrund ihres außer Kraft gesetzten Zeitgefühls endlos erscheinen würde, ahnten sie noch nicht, als sie frohen Mutes die Freitreppe emporschritten. Der Kater ging voran, mit wippender Feder am Hut, hinter ihm die einen Kopf größere Isabel, deren Kleid sich jedes Mal hob, wenn sich das Eingangstor öffnete und einen Windstoß die Treppe hinaufschickte, und schließlich der beide überragende Nikolaj, der im Geiste damit beschäftigt war, anhand der sich entblößenden Beine Isabels die Besucherhäufigkeit im Amt zu errechnen, was er zu seiner Erheiterung tat, vielleicht aber auch, um einen Grund zu haben, ihre schlanken Beine zu betrachten.

Der Kater bog in einen langen Gang, von dem zu beiden Seiten schwarze Türen abgingen. Nikolaj fiel auf, dass sie wie die Tasten eines Klaviers angeordnet waren. Er stellte sich vor, dass jedes Mal, wenn sich eine von ihnen öffnete oder schloss, ein Ton erklingen würde, und er fragte sich, ob daraus je eine Melodie entstehen würde – so etwas wie eine Musik des Zufalls. Der Kater klopfte an eine Tür.

»Herein«, war eine Stimme zu vernehmen.

Sie betraten einen winzigen Raum. Auf Geheiß des Katers blieben sie rechts neben der Tür stehen, einer neben dem anderen, erst Nikolaj, dann Isabel und danach der Kater, denn links neben der Tür stand nur ein einziger Stuhl, auf dem sie unmöglich übereinander hätten Platz finden können.

Ohne von seinem Schreibtisch aufzublicken, füllte der Beamte mit sorgfältigen Schreibbewegungen ein Schriftstück aus. Sie warteten. Als er fertig war, legte er das Schriftstück auf einen Stapel, der rechts neben ihm lag, und nahm von dem Stapel, der links neben ihm lag, ein weiteres Schriftstück und machte sich daran, dieses mit derselben Sorgfalt auszufüllen wie das vorhergehende.

Isabel stieß den Kater in die Seite.

»Na?«

»Wir müssen warten«, flüsterte dieser.

»Warum?«

»Das ist hier die Regel.«

Es klopfte an der Tür. Alle drei wandten sich um.

Die Eidechse kam herein, außer Atem, denn sie war gelaufen. In der einen Hand hielt sie eine Kanne aus weißem Porzellan, in der anderen balancierte sie vier übereinander gestapelte Tassen. Sie stolperte über die Türschwelle, die oberen beiden Tassen entglitten ihr, und Nikolaj und Isabel fingen je eine auf.

»Sehen Sie! Die Perfektion des Unerwarteten übertrifft doch stets die des Erwarteten!«

Die Eidechse reichte dem Kater eine Tasse und wandte sich an Isabel und Nikolaj.

»Wir müssen warten. So will es die Regel. Ein wenig Tee gefällig? Wegen der erregenden Wirkung rate ich von Schwarztee ab. Dies hier ist Eisenkraut.«

Isabel nahm dankend an. Nikolaj wusste nicht was Eisenkraut ist und war heikel mit Getränken, die er nicht kannte. Aber da das Wort in die graue Umgebung passte und er deshalb auch Anthrazitblüte, Graphitwegerich oder Silberspan getrunken hätte, war er bereit, es mit Eisenkraut zu versuchen, auch wenn ihm Earl Grey lieber gewesen wäre. Der Tee war heiß, duftete frisch und schmeckte vorzüglich. Abwarten und Tee trinken hieß dieses Ritual, an dem er und Isabel bald Gefallen finden sollten.

»Welche Regeln gelten hier noch?« fragte Isabel und nippte an ihrer Tasse.

»Nun«, sagte der Kater, »keine – außer dem Gesetz des Marktes.«

»Ach so?« sagte Isabel ein wenig enttäuscht und setzte ihre Tasse ab.

»Unterschätzen Sie den Markt nicht. Der Markt ist ein revolutionärer Koordinationsmechanismus. Hat es in der Geschichte je ein System gegeben, das ohne Zwang ausgekommen wäre? Ohne Zentralinstanz? Und das zudem eine solche wirtschaftliche Dynamik und solchen materiellen Wohlstand für so viele Menschen hervorgebracht hätte? Wissen Sie überhaupt, worin die Genialität dieses Systems besteht?«

Isabel schüttelte verneinend den Kopf.

»Sie besteht darin, an die instinktive Natur des Menschen anzuknüpfen, an genau jene Wesenszüge, die von allen anderen Glaubens- und Gesellschaftssystemen unterdrückt, verurteilt und unter Strafe gestellt wurden. Es ist das in der Menschheitsgeschichte einzigartige Kunststück, die menschlichen Triebkräfte vorurteilsfrei anzuerkennen und für ein sich selbst organisierendes Spiel zum materiellen Wohl aller – wenn auch nicht aller in gleichem Maße – nutzbar zu machen. Das ist die eigentliche Revolution.«

»Welche Triebkräfte sind das?« fragte Isabel, die neugierig geworden war.

»Geiz, Gier und Faulheit«, bemerkte der Eidechsenkönig, während er sich eine Tasse Tee einschenkte.

»Kalkül, Profitstreben und Effizienz«, verbesserte ihn der Kater. »Schließlich ist jeder sich selbst der Nächste. Das Eigeninteresse wurzelt im Überlebenstrieb. Und daraus, meine verehrte Isabel, ergibt sich die einzige Regel des Marktes, nämlich die Handlungsmaxime: Tu das, was Deinen Interessen dient.«

Isabel runzelte die Stirn.

»Wie kann das, was meinen Interessen dient, zugleich dem Wohle aller dienen? In dieser verrückten Welt wäre ich zwar gewillt, Ihnen sogar das zu glauben – aber nur, wenn Sie es mir glaubhaft machen.«

Der Kater war beglückt, denn nichts tat er lieber, als Isabels Wissensdurst zu befriedigen. Eben wollte er zu einem Vortrag ausholen, als der Eidechsenkönig eine Torte auspackte.

»Baiser-Torte gefällig?«

Mit einem silbernen Tortenmesser, das er mitsamt Porzellantellern und Kuchengabeln aus seiner Jackentasche hervorzauberte, schnitt er das Gebäck in vier gleich große Stücke.

Eines davon platzierte er auf einem Teller und reichte ihn Isabel.

»Hier begnügen wir uns damit, Torten in Dreiecke zu schneiden, andernorts schneidet man Brot zu Kegeln. Aber das brauche ich belesenen Herrschaften wie Ihnen ja nicht zu sagen.«

Während Isabel die Cremefüllung in Augenschein nahm und die Eidechse damit beschäftigt war, das nächste Torten-dreieck auf einen Teller zu heben, nutzte der Kater die Gunst des Augenblicks und ergriff das Wort.

»Nehmen Sie nur diese Torte. Wir verdanken sie zwar der Großzügigkeit unseres Freundes. Ihre Herstellung aber ver-danken wir dem Egoismus des Konditors. Da er einen Ge-winn erzielen will, bleibt ihm nichts anderes übrig, als wohl-schmeckende Torten zu marktgerechten Preisen herzustellen. Sein Eigeninteresse bringt ihn also dazu, seine Kunden zu be-glücken und –«, er hielt inne, als Isabel die Kuchengabel mit einer Creme-Wolke zum Mund führte, »selbst deren übertrie-benste Genusssucht zu befriedigen.«

»In dieser verrückten Welt«, fuhr er fort, »ist im Egoismus des Einzelnen gewissermaßen der Altruismus zur Bedienung des Egoismus eines anderen angelegt. Denn sein Eigeninter-esse kann nur bedient werden, wenn er etwas tut, was zu-gleich dem Interesse eines anderen dient. Ein Tausch findet nur dann statt, wenn beide Seiten etwas davon haben. An-dernfalls kommt keine Einigung, also kein Tausch und folg-lich auch kein Markt zustande.«

»Welch umständliche List der Vernunft!« warf die Eidech-se ein und reichte Nikolaj ein Tortenstück. »Warum sollte aus-gerechnet die Verfolgung des Eigeninteresses dem materiel-len Wohl aller dienen? Sollte sich das Allgemeinwohl nicht vielmehr aus einem solidarischen Verhalten der Menschen er-geben?«

»Mein geschätzter Freund«, erwiderte der Kater, »die his-torische Erfahrung zeigt, dass man sich keineswegs auf die

Solidarität der Menschen verlassen kann. Warum, glauben Sie, gehörte es zum Programm des sozialistischen Projekts, den sozialistischen Menschen überhaupt erst zu erschaffen? Es sollten nicht nur Altruisten, sondern auch Egoisten das gesellschaftlich Sinnvolle tun.«

Nikolaj hatte seine Torte ebenso schweigsam wie gierig verspeist. Er zog ein blütenweißes Stofftaschentuch aus der Hosentasche und tupfte sich einen Baiser-Krümel von den Lippen.

»Die Frage ist nicht«, hob er an, »ob man sich auf Solidarität verlassen kann, sondern was Solidarität für das materielle Allgemeinwohl überhaupt zu leisten imstande wäre. Solidarität mag zwar zu Umverteilung, Ausgleich oder Gerechtigkeit führen, aber nicht zu jener das System ausreizenden Effizienz, die dafür sorgt, dass Wohlstand geschaffen wird und dadurch überhaupt erst etwas zu verteilen ist. Dass der zu verteilende Kuchen dann so groß wie möglich wird, ist nicht der Solidarität, sondern dem marktwirtschaftlichen System und dem Antrieb zu verdanken, der im Egoismus des Einzelnen wurzelt.«

»Anders als unsere brüderlich geteilte Torte wird jener ökonomische Kuchen allerdings extrem ungleich verteilt«, entgegnete die Eidechse und reichte dem Kater seine Portion.

»Mein verehrter Freund«, sagte dieser und durchstach die Baiser-Schicht wie mit einem Florett, »ob Sie es nun glauben oder nicht: Genau diese Ungleichheit brauchen wir!«

Die Eidechse schnappte nach Luft, Isabel blieb der Mund offen stehen, und Nikolaj wartete auf eine Erklärung.

»Sie wundern sich? Es muss schließlich eine Aussicht auf Belohnung geben. Den Anreiz von Gewinn, Sieg, Triumph! Eine Stimulation zum Arbeiten, Handeln, Riskieren!«

»Glauben Sie, wir blieben sonst morgens im Bett liegen und würden unser Leben verschlafen?« fragte die Eidechse.

Bei dem Gedanken an ein Bett überfiel Nikolaj bleierne Müdigkeit. Doch wenn er all das nur träumte, dann schlief er bereits. Wie konnte er also müde sein?

Der Beamte hatte im Verlauf der Debatte kein einziges Mal von seiner Arbeit aufgesehen.

»Das kann ja noch lange dauern«, sagte Nikolaj und setzte seine Tasse mit einem Klirren auf dem Unterteller ab, so dass der Beamte den Kopf hob.

»Jeder Schritt von A nach B, vor allem wenn er mit einem weiteren Schritt nach C verbunden ist, dauert seine Zeit. Wir sind hier erst bei A.«

Nikolaj verdrehte die Augen. Warum musste hier alles so umständlich sein? Als hätte der Beamte seine Gedanken gelesen, fuhr er fort:

»Darf ich es Ihnen erklären? A ist der erste Buchstabe. B ist –«

»– der zweite Buchstabe. Ich weiß. Es geht auch lediglich um zwei Dinge – unseren Aufenthalt und seine Bewilligung«, unterbrach ihn Nikolaj.

»Zwei? Wir denken nicht in Zahlen. Mathematik ist die Sache unserer Professoren, Priester und Propheten. Wir halten uns an die Buchstaben des Gesetzes. A für Aufenthalt, B für Bewilligung, C für Credo«, sagte der Beamte ohne von dem Formular aufzublicken, das er ausfüllte. »Credo steht für das Glaubensbekenntnis zur Regel des Systems.«

»Das Gesetz des Marktes ist eine Überlebensregel«, flüsterte der Kater Isabel zu. »Ohne sie kommt man hier nicht zurecht.«

Die Eidechse ließ das Tortenmesser mitsamt dem Besteck und dem Porzellan in ihrer Jackentasche verschwinden und verließ die Amtsstube.

»Manche haben einen systemwidrigen Charakter«, fuhr der Kater fort, kaum dass die Eidechse die Tür hinter sich geschlossen hatte. »Gottlob gehöre ich nicht dazu! Das macht vieles einfacher.«

»Einen systemwidrigen Charakter?« fragte Isabel.

»Wir sind nun einmal ungleich. *Mir* kommen die Verheißungen des Systems entgegen, denn die Eigenschaften, die nötig sind, um sie zu erlangen, entsprechen meiner rationalen, nutzen- und gewinnorientierten Natur.«

Er streckte sich, um größer zu wirken.

»Was will man mehr? Ich bin perfekt angepasst an die sozio-ökonomische Umgebung, die mein Überleben garantiert. Ganz im Gegensatz zu unserem gemeinsamen Freund, dem Eidechsenkönig.«

»Er hat doch ein Geschäft«, widersprach Isabel. »Wenn Nikolaj es nur nicht so eilig gehabt hätte! Ich hätte dort Stunden verbringen können.«

»Ich weiß, es ist ein außergewöhnlicher Laden. Man kann stundenlang darin stöbern, ohne etwas zu kaufen. Glauben Sie wirklich, dass man auf diese Weise Geld verdient?«

»Er verkauft Landkarten.«

Der Kater machte eine wegwerfende Handbewegung.

»Das ist Liebhaberei – kein Geschäft. Ganz im Vertrauen – wer kauft in Anderland eine Landkarte? Die einzige Karte, die wir hier benutzen, ist Anderland selbst. Oder glauben Sie etwa, dafür könne man Geld verlangen? Ich bitte Sie! Dafür bekommt man höchstens einen alten Regenschirm!«

»Einen alten – was?« Isabel hatte nicht recht verstanden, ließ sich davon aber gedanklich nicht aus dem Tritt bringen. »Und was ist mit den Himmelskarten und den Globussen?«

»Meinen Sie, einer von uns wollte jemals dorthin? Ins Weltall? Oder auf die Erde?? Das sind die Sehnsüchte einer Eidechse, die versehentlich hier gelandet ist. Die Sehnsüchte unserer Einwohner sind andere – solche, die sich in Zahlen messen und mit Geld aufwiegen lassen.«

Der Beamte zog eine Schublade auf, holte einen großen Stempel heraus und drückte ihn bedächtig und geräuschlos auf die beiden Aufenthaltsbewilligungen. Dann händigte er sie Nikolaj aus. Dieser nahm sie wortlos in Empfang.

»Was sagt man?« fragte der Beamte.

Nikolaj sah ihn verständnislos an.

»Na, das Zauberwort?«

Alle Augen richteten sich auf Nikolaj. Er stand auf dem Prüfstand und ahnte, ohne es begründen zu können, dass er nur einen Versuch hatte und dieser wie in einem Traum, zu dessen Held er ohne sein Zutun geworden war, über sein Wohl und Wehe entscheiden würde. Sein Herz klopfte gegen seine Brust. Eine Welle der Panik war kurz davor, sein Denken zu einem abrupten Stillstand zu bringen, als ihm das rettende Wort einfiel:

»Abrakadabra!«

Der Beamte senkte den Blick und machte sich wieder an seine Arbeit. Der Kater ging zur Tür, erhobenen Hauptes und mit wippender Feder am Hut, Isabel schloss sich ihm an, damit beschäftigt, das Vorgefallene zu verstehen, und Nikolaj, dem ein Stein vom Herzen gefallen war, folgte ihnen beschwingt.

Die Prüfung

Effizienz versus Gerechtigkeit

> [The conflict] between equality and efficiency [is] our biggest socio-economic tradeoff, and it plagues us in dozens of dimensions of social policy. We can't have our cake of market efficiency and share it equally.
>
> *Arthur Okun*

»Und nun?« fragte Isabel, als sie wieder auf dem Gang standen. Ohne auch nur das Geringste dagegen unternehmen zu können, war sie gewohnheitsmäßig damit beschäftigt, sich den nächsten Schritt auszumalen. Sie tat es, um nicht der beunruhigenden Tatsache gewahr zu werden, dass er unvermeidlich ein Schritt ins Dunkle war, so sehr sie sich auch bemühte, dieses Dunkel mit dem Lichtschein ihrer Vorstellungskraft zu erhellen, von dem schwer festzustellen war, ob er dem Wünschen, dem Hoffen oder einem Anflug wahrhaften Erkennens entsprang.

»Nach A und B …«, begann der Kater.

»… kommt C wie Credo«, murmelte Nikolaj ungeduldig und straffte sich.

»Hier ist es!«, rief die Eidechse. Die Teekanne in der einen, die Tassen in der anderen Hand, deutete sie auf eine Tür, auf der ein weißes C prangte. Darunter hing ein Schild:

NICHT EINTRETEN

Und darunter, so klein, dass alle näher treten mussten, um den Hinweis zu entziffern:

Diese Aufforderung ignorieren.

»Welche Aufforderung sollen wir denn ignorieren?« fragte Isabel.

»Na diese!« sagte die Eidechse.

»Verzeihung, aber ist mit ›diese‹ nun dieselbe gemeint, oder jene andere, die uns nicht eintreten heißt?«

»Dieselbe! Sonst hieße es ja nicht ›diese‹ sondern ›jene‹!«

»Wie können wir da sicher sein?« fragte Isabel zaghaft. »Wenn mit ›diese‹ nun ›jene‹ gemeint wäre, dann – ach, von diesen Gedankenwirbeln wird mir ganz schwindelig. Sollen wir nun warten oder eintreten?«

Nikolaj, der besser als alle anderen darin war, Kompliziertes auf seine einfachen Ursprünge zurückzuführen, machte sich daran, ihren Gedankenwirbel wie ein Origami auseinanderzufalten, so dass er am Ende übersichtlich wie ein quadratisches Stück Papier vor ihr lag:

»Es ist eine Aufforderung, also ist sie zu befolgen. Aber um befolgt zu werden, darf sie nicht befolgt werden. Denn um sie zu befolgen, musst Du sie ignorieren. Ignorierst Du sie aber, kannst Du sie nicht befolgen.«

»Dann müssen wir also ewig warten?« Isabels Stirn umwölkte sich.

Die Eidechse blinzelte durch die Brillengläser.

»Im Reich der Logik begegnet man unweigerlich der Paradoxie. Sie ist durch nichts anderes als ihren Referenzrahmen bedingt. Wenn man diesen auflöst ...«

»... verschwindet auch die Paradoxie«, sagte der Kater. »Deshalb bin ich gegen jeden Referenzrahmen. Und für die totale Freiheit.«

»Was sollen wir tun?« Isabel blickte fragend vom einen zum anderen.

»*Ich* bin für Kreativität«, sagte die Eidechse. »Unser Kopf ist rund, damit das Denken die Richtung wechseln kann. Lasst uns überlegen.«

»*Ich* bin für Effizienz«, sagte der Kater. »Überlegen kostet Zeit, und Zeit ist die knappste unserer Ressourcen. Lasst uns handeln.«

»Wir haben ein Ziel«, sagte Isabel. »Warum nicht eintreten, wenn es uns dem Ziel näher bringt?«

»Welches Ziel?« fragte Nikolaj verblüfft.

Ob es in dieser verrückten Welt überhaupt eines gab, hatte sich ihm noch nicht erschlossen. Das Leben erschien ihm als eine Aufeinanderfolge unabhängiger Ereignisse. Der Gedanke, es könne ein in die Zukunft projiziertes Ziel geben, das Gegenwart und Vergangenheit rückwirkend zu einem in sich schlüssigen Ganzen verbindet, kam ihm beinahe so absurd vor wie die Suche nach dem Sinn des Lebens – als sei dieser irgendwo auf einer Lichtung im Frühlingswald aufzufinden wie ein verstecktes Osterkörbchen. Wenn es so war, dass der Zustand des Universums von Ereignissen abhängig war, die vom Zufall bestimmt wurden, dann konnte es im menschlichen Leben nicht anders sein.

»Ziele gibt es zuhauf«, sagte der Kater in jovialem Ton, »ob es Ruhm, Reichtum oder – verzeihen Sie meine Direktheit – Sex sein mag. Ein Ziel gibt dem Leben Richtung, Struktur und Sinn. Es ist der Kontext, der aus den Flüchtigkeiten und Zufälligkeiten bloßer Ereignisse das Amalgam einer Lebensgeschichte schweißt.«

»Bei allem Respekt vor Ihrer Schlussfolgerung – aber das sind keine Ziele, sondern im Überlebenstrieb wurzelnde Begierden«, widersprach die Eidechse.

»Ich weiß.« Der Kater legte in gespielter Betroffenheit die Pfote auf die Brust. »Unsereins ist nun einmal hoffnungslos den niederen Trieben, der Materie und ihren sinnlichen Verführungen verhaftet und damit auch unweigerlich deren Begrenzungen, da alles Irdische endlich ist. Sie hingegen verfolgen die höheren Ziele – Liebe, Wahrheit, Gerechtigkeit. Und doch: glauben nicht auch wir an die Ewigkeit des Fortschritts? An die grenzenlose Vermehrbarkeit des Geldes? Die Vollkommenheit des Wettbewerbs? Leuchtet nicht auch in unserem Glauben an das materielle Paradies ein Funken der Transzendenz?«

»Aber woher wissen wir, was uns einem Ziel näher bringt?« fragte Nikolaj, noch immer in seine Gedanken vertieft.

»Die Intuition sagt es uns«, behauptete Isabel, »davon bin ich überzeugt.«

Und bevor Nikolaj sie darauf hinweisen konnte, dass die Intuition fehlbar und eine Überzeugung kein Beweis sei, klopfte Isabel an die Tür und trat ein.

»Verzeihen Sie den Überfall, ich wusste nicht, ob ich ewig warten, erst überlegen oder gleich handeln soll«, sprudelte es aus ihr hervor, kaum dass sie in der Amtsstube stand. »Da ich davon ausging, dass Sie sich auskennen mit den Regeln und mir in dieser Frage weiterhelfen können, blieb mir keine andere Wahl. Und da ich nun einmal hier stehe, möchte ich unser Anliegen vortragen, das mein Reisebegleiter und ich – er heißt Nikolaj ...«

Der Beamte blickte von seiner Schreibarbeit auf. Der Singsang hatte sein Gemüt erheitert, so dass er beschloss, Isabels Anliegen stattzugeben. Mit einem Nicken bat er ihre Gefährten hinein, die mit angehaltenem Atem in der Tür standen.

»Name?« schnarrte der Beamte, der, kaum dass er das passende Formular aus dem Stapel gezogen hatte, wieder in seine Rolle gefunden hatte.

Der Kater blickte zu Nikolaj. Dieser erhob die Stimme:

»Kirsanoff, Nikolaj.«

»Bekennen Sie sich zum marktwirtschaftlichen System von Anderland?«

»Ich bekenne mich.«

»Welches ist die Zielkategorie des Systems?«

»Effizienz.«

Der Kater sah Nikolaj bewundernd an. Der junge Mann hatte nicht nur Auftreten, er wusste auch Bescheid. Er selbst hätte keine bessere Figur abgeben können.

Der Beamte hob den Kopf und musterte Nikolaj. Dann beugte er sich nach vorne und bedeutete Nikolaj näherzukommen.

»Wissen Sie auch, welches das große Dilemma des Systems ist?« flüsterte er.

Der Kater, dem nicht bewusst war, dass es überhaupt ein solches Dilemma gab, spitzte die Ohren. Und die Eidechse, die das geahnt hatte, horchte auf.

»Das große Dilemma besteht darin, dass das Marktsystem in der Regel nicht zugleich Effizienz und Gerechtigkeit verwirklichen kann«, antwortete Nikolaj.

Der Beamte quittierte seine Antwort mit einem befriedigten Lächeln, drückte einen Stempel auf das Formular und reichte es Nikolaj über den Schreibtisch. Dann beugte er sich wieder über seine Akten.

»Effizienz und Gerechtigkeit«, trällerte die Eidechse, als sie wieder auf dem Gang standen, und Isabel trällerte mit. Nikolaj pfiff vor sich hin, und irgendwo in der Stille zwischen zwei Geräuschen meinte er die Klänge eines Klaviers zu hören.

»Was hat es mit diesem Dilemma auf sich?« fragte Isabel.

»Warte.«

Nikolaj schob die Hand in die Tasche seines Jacketts.

»Zu dumm, das Futter ist aufgerissen.«

Er blieb stehen und bohrte seine Hand tiefer in die Tasche, ohne den gesuchten Gegenstand zu finden.

»Soll ich Dir helfen?«

Isabel tastete den Saum ab.

»Hier ist etwas!«, rief sie, an der Rückennaht angekommen.

Nikolaj zog den Rockschoß nach vorne, und gemeinsam schoben sie das gesuchte Objekt aus dem Saum in die Jacken-tasche zurück. Als Nikolaj seine Hand herauszog, brachte er eine Visitenkarte zum Vorschein.

»Voilà! Wenn jemand diese Frage beantworten kann, dann Anthony! Wir besuchen ihn!«

Treppauf Treppab

Die Grenzen der Marktwirtschaft

The most efficient economy in the world may produce a distribution of wages and property that would offend even the staunchest defender of free markets. We thus can shout two cheers for the market but not three.

Paul A. Samuelson

»Beim gelben Schild links!«

»Die Parkbank. Hier rechts!«

»Das Atelierfenster. Immer geradeaus!«

Dank seines fotografischen Gedächtnisses fand Nikolaj den Weg zu seinem alten Professor mit schlafwandlerischer Sicherheit. Isabel hingegen war verwirrt von den vielen Eindrücken, die schneller auf sie einströmten, als sie diese einzuordnen vermochte. Wie kam der Zwerg auf die Bank? Warum hatte er ihr zugezwinkert? War das im Atelierfenster nicht ein riesenhafter Hut? Wem gehörte er? In dieser verrückten Welt, in der nichts zusammenzupassen schien und jede Antwort nur eine weitere Frage hervorbrachte, war sie froh, sich der unbekümmerten Gesellschaft ihrer Weggefährten anvertrauen zu können.

»Anthonys Villa!« meldete Nikolaj schließlich und klingelte an der Tür.

Anthony öffnete und klopfte sich den Staub vom Jackett.
»Welche Überraschung! Treten Sie ein! Und entschuldigen Sie die Baustelle.«

Sie betraten die Eingangshalle, die sich nach oben in eine Kuppel öffnete, durch deren kreisrunde Öffnung Sonnenlicht einfiel. Der alte Herr blieb im Lichtkegel inmitten flirrender Staubkörnchen stehen.

»Ein zweifaches Hoch auf den freien Markt, mein Lieber, aber kein Dreifaches! Kommen Sie!«

Nikolaj lächelte und folgte seinem Professor, der sogleich einen der zahlreichen Treppenaufgänge hinaufeilte. Isabel hatte nicht verstanden, was er gemeint hatte. Aber da er unablässig sprach und sie ihr Bestes gab, ihm körperlich und gedanklich auf den Fersen zu bleiben, blieb ihr keine Zeit nachzufragen.

»Um in die Tiefen der Erkenntnis vorzudringen, brauchen Sie Konzentration, Geduld, und – Ausdauer!«

Es ging treppauf, treppab, so dass Isabel bald die Orientierung verloren hatte. Nikolaj erinnerte sich, mit welcher Energie sein Professor in den Vorlesungen stets vorangestürmt war. Im proportionalen Verhältnis zur verstrichenen Minutenzahl verminderte sich die Zahl der Studenten, die ihm noch folgen konnten. Er selbst war einer der ganz wenigen gewesen, die bis zum Schluss durchhielten.

»Manche Fragen haben so viele Seiten, dass kein menschlicher Geist und kein noch so genial konstruierter Computer jemals mit einer letzten Antwort aufwarten kann. Sie wissen es selbst, mein lieber Nikolaj, manchmal begegnet uns etwas, das ist größer als wir selbst. Es bleibt unentzifferbar. Wir begegnen einem Rätsel, einem hypnotischen Prisma mit unendlich vielen Facetten. Wir müssen uns der Unendlichkeit der Möglichkeiten und Dimensionen und Interpretationen ergeben und sind, das ist das Gute daran, mir nichts, dir nichts, auf einem spirituellen Pfad. Doch jung wie Sie beide sind, vermute ich, dass es Ihnen noch nicht um die letzten, höchstens um die vorletzten Fragen geht.«

Er lachte.

»Kommen Sie nur, meine liebe Isabel, hier entlang.« Er hakte Isabel unter. Nikolaj, der sich immer wieder umsah, um sich ein Bild von den unlogisch wirkenden Dimensionen des Hauses zu machen, folgte ihnen. Sie erreichten ein Pla-

teau mit einer Brüstung, von dem aus sie die Baustelle überblicken konnten.

»Was ich hier baue, ist eine paradoxe Architektur. In der Ökonomie bin ich so vielen Paradoxien begegnet, dass ich nicht umhin komme, sie als Teil unserer Wirklichkeit anzuerkennen, zumindest jener Wirklichkeit, wie wir sie hier«, er tippte sich an die Stirn, »mit unserem auf binäre Logik geeichten Apparat interpretieren. Wissen Sie, was eine Paradoxie ist?«

Isabel nickte. Dann schüttelte sie den Kopf. Ja, sie kannte das Wort, aber nein, was es genau bedeutete, verstand sie nicht.

»Wir glauben es geht bergauf, und schon sind wir wieder da unten, wo wir angefangen haben. Oder hätten Sie vermutet, dass wir am Ende wieder dort landen würden, wo wir begonnen haben – in der Eingangshalle?«

Isabel sah sich um. Den Weg über die zahlreichen Treppen, Plattformen und Stockwerke hatte sie sich nicht gemerkt, da sie vollkommen vertieft gewesen war in den Versuch des Ordnens und Verstehens der Eindrücke und Informationen, die unterwegs auf sie eingestürmt waren.

»Professor, was meinten Sie vorhin mit dem nur zweifachen Hoch auf die Marktwirtschaft?« fragte Isabel, da sie immer noch keine Antwort auf die Frage gefunden hatte, die ihr treppauf, treppab im Kopf herumgegangen war.

»Nennen Sie mich bitte Anthony! Nun, die Marktwirtschaft ist ein hocheffizienter Mechanismus, um die Fragen zu beantworten, *was* produziert werden soll und *wie*. Sie gibt aber keine befriedigende Antwort auf die Frage *für wen*.«

»Meinen Sie damit, dass in einer Marktwirtschaft derjenige die Ware bekommt, der den höchsten Preis bezahlt, und nicht unbedingt derjenige, der sie am dringendsten benötigt?«

»Genauso ist es. Das betrifft auch die Frage, für wen die Fortschrittsleistungen in einer Marktwirtschaft erbracht werden. Wenn ein Unternehmen sich höhere Gewinne aus einem Mittel für impotente Männer verspricht als aus einem Medikament gegen Aids, ergibt sich allein aus der Logik des auf Gewinn ausgerichteten Systems, in welches Projekt investiert wird.«

»Und was ist mit der Frage nach der Gerechtigkeit?«

»Genaugenommen mit der Frage nach dem Dilemma zwischen Effizienz, die kein System in so hohem Maße hervorzubringen vermag wie die Marktwirtschaft, und Gerechtigkeit. Auf dieses große Dilemma stößt man unweigerlich, wenn man sich fragt, wie eine Gesellschaft mit ihren knappen Ressourcen bestmöglich umgehen soll.«

»Knappe Ressourcen? Leben wir nicht im Überfluss? Ist nicht mehr als genug für alle da?« fragte die Eidechse.

Anthony lächelte.

»Umgekehrt könnte ich fragen: Haben wir jemals genug, und wie ist das, was es gibt, verteilt? Die Knappheit der begrenzten Ressourcen ergibt sich aus der unbegrenzten Vermehrbarkeit der Bedürfnisse, von denen das eine das nächste hervorbringt. Wer hungrig ist, will Nahrung, wer Nahrung hat, will Genuss, wer Genuss hat, will Vielfalt. Ohne dieses Knappheitsproblem gäbe es keine Wirtschaft – und keine Wirtschaftswissenschaft. Die Knappheit ist gewissermaßen deren letzte Ursache. So gesehen«, fügte er scherzend hinzu, »würde es ohne Knappheit weder mich noch unseren geschätzten Freund geben.«

Nikolaj, der sich ohnehin nicht ganz sicher war, ob es ihn wirklich gab, lachte.

»Schließlich ist alles knapp«, fuhr Anthony fort. »Auch die Zeit ist knapp. Sie ist die knappste Ressource von allen, selbst wenn wir begrenzten Geister unsere Endlichkeit erst begreifen, wenn die Relativität unseres Lebens mit der Absolutheit des Todes konfrontiert wird. Lassen Sie sich das von einem alten Mann sagen. Doch jung wie Sie sind, haben Sie ganz andere Fragen.«

Isabel holte Luft.

»Was genau bedeutet denn ›Effizienz‹?«

»Effizienz bedeutet, dass die Gesellschaft aus ihren knappen Ressourcen das Optimum herausholt. Unter idealen Bedingungen – die freilich so gut wie nie in Reinform auftreten – führt Effizienz zu einer Maximierung dessen, was wir Ökonomen gesellschaftliche Wohlfahrt nennen. Der zu verteilende Kuchen wird größer – vielleicht sogar maximal groß.«

»Und wann ist das Optimum erreicht?«

»Der gängige Maßstab zur Beurteilung von Effizienz im Sinne eines effizienten ökonomischen Zustands ist das sogenannte Pareto-Optimum. Ein Pareto-effizienter Zustand ist erreicht, wenn kein Mensch mehr besser gestellt werden kann, ohne dass dadurch ein anderer schlechter gestellt würde.«

Zwischen Isabels Augenbrauen bildete sich eine kleine Falte.

»Aber das bedeutet ja, dass diese – wie heißt sie? – Pareto-Effizienz auch dann hergestellt wäre, wenn einer alles und alle anderen nichts besäßen. Denn wenn er auch nur einen Cent an einen der anderen Habenichtse abgäbe, wäre er automatisch um diesen einen Cent schlechter gestellt.«

»Richtig. Der zu verteilende Kuchen könnte sich in wenigen Händen konzentrieren. Das bedeutet: Effizienz kann auch bei extremer Ungleichverteilung vorliegen.«

»Kann denn umgekehrt nicht auch eine Gleichverteilung effizient sein?«

Isabel erzählte, wie die Eidechse die Baiser-Torte in vier gleiche Stücke geteilt hatte und präsentierte Anthony ihre Schlussfolgerung.

»Hätte sie auch nur eines der Dreiecke größer gemacht, wäre es zu Lasten von zumindest einem von uns gegangen. Die Besserstellung des einen hätte die Schlechterstellung eines anderen bewirkt. Demnach wäre auch eine gerechte Verteilung effizient.«

Anthony lächelte. »Hypothetisch trifft das zu. Tatsächlich wäre jede denkbare Verteilung der Torte effizient. Denn zu keiner Verteilung gäbe es eine Alternative, die eine Person besser stellen würde, ohne eine andere genau dadurch schlechter zu stellen. Aber faktisch führt das Marktsystem nun einmal nicht zu jener gleichen Verteilung, die Sie vielleicht ein wenig vorschnell ›gerecht‹ nennen.«

Bevor Isabel darüber nachsinnen konnte, sprach Anthony weiter.

»Das Marktsystem erhebt gar keinen Anspruch auf Gerechtigkeit. Seine Aufgabe ist eine rein ökonomische – die effiziente Nutzung knapper Ressourcen. Das ist es, was die Menschen oft vergessen und sich dann über die Ergebnisse wundern. Marktwirtschaft ist freilich auch permanenter Wandel. Nichts bleibt, wie es ist. Der Wettbewerb bricht bestehende Privilegien und Machtstrukturen auf und führt dazu, dass Berufe, Firmen, sogar ganze Branchen und damit Chancen auf Wohlstand neu entstehen, während andere von der ökonomischen Landkarte verschwinden.«

Isabels Gesicht hellte sich auf.

»Auf lange Sicht gleicht sich also alles aus?«

»Sicher nicht, denn Ausgleich und Wandel sind nicht dasselbe. Allerdings«, gab er zu bedenken, »sind wir auf lange Sicht alle mausetot.«

Isabel lachte – obwohl Anthony mit seiner Bemerkung das Kartenhaus ihrer Hoffnung zum Einsturz gebracht hatte. Denn ein Wandel, der sich in so langen Zeiträumen vollzog, dass er die Betroffenen nicht mehr erreichte, versprach zwar eine gewisse Selbstregulierung des Systems, aber keine Gerechtigkeit für den Einzelnen.

»Und so, meine liebe Isabel, führt das Thema der gerechten Verteilung des Wohlstands unweigerlich zu Werturteilsfragen, auf die jede Gesellschaft ihre eigene Antwort finden muss. Diese Antwort bestimmt, welche Rolle und welchen Einfluss sie etwa dem Staat zuspricht.«

Die Eidechse, die aufmerksam zugehört hatte, blickte nachdenklich in die Kuppel.

»Ließe sich Gerechtigkeit unter dem Dach einer sozialistischen Wirtschaftsordnung verwirklichen?«

»Was für eine Frage!« sagte der Kater.

»Eine gute Frage«, entgegnete Anthony. »Immerhin galt die zentrale Planwirtschaft noch im vorigen Jahrhundert als Alternative. Wenn Sie mich fragen: alle historische Erfahrung spricht dagegen. Abgesehen davon, dass ich geneigt bin, die Demokratie und die sie begründende Freiheit des Individuums als eine der großen zivilisatorischen Errungenschaften zu betrachten, die unter keinen Umständen aufgegeben werden sollte, gibt es einen entscheidenden ökonomischen Grund für die Überlegenheit des marktwirtschaftlichen Systems.«

»Und welcher wäre das?« fragte die Eidechse.

»Die zentrale Planwirtschaft ist außerstande, das Informationsproblem einer effizienten Koordination von knappen Ressourcen einerseits und der Vielzahl der Bedürfnisse andererseits zu lösen.«

»Und wie löst die Marktwirtschaft dieses Problem?« Isabel konnte sich beim besten Willen nicht vorstellen, wie das System funktionierte, das sie tagtäglich mit nahezu allem versorgte, was ihr Herz begehrte.

»Die Marktwirtschaft überlässt diese Aufgabe dem Preismechanismus«, sagte Nikolaj.

»Dem Preismechanismus? Es gibt nichts und niemanden, der diese Maschinerie steuert?« fragte Isabel ungläubig.

»Einen zentralen Steuermann?« Anthony lachte. »Um diese Aufgabe zu bewältigen, müsste er allwissend sein. Nein, im Gegenteil: Der Preismechanismus löst das Informationsproblem dezentral, indem er Angebot und Nachfrage in eine Balance bringt und die knappen Ressourcen auf diese Weise ihrer bestmöglichen Verwendung zuführt.«

Die Eidechse blinzelte durch die Brillengläser.

»Das klingt nach einer idealen Welt. Funktioniert sie auch unter realen Bedingungen?«

»Ihre Skepsis ist berechtigt«, sagte Anthony. »Damit die Selbststeuerung des Marktsystems funktioniert, bedarf es gewisser Voraussetzungen, die in der Realität oft nicht erfüllt sind. Die Preise erfüllen ihre Lenkungsfunktion strenggenommen nur bei vollständiger Information aller Marktteilnehmer und vollständiger Konkurrenz aller Anbieter. Ist eine Voraussetzung nicht gegeben, geht die Lenkungskraft der unsichtbaren Hand verloren und damit bedauerlicherweise auch die Maximierung des Gemeinwohls. Das nennt man Marktversagen.«

»Die Preise können nur dann die richtigen Knappheitssignale liefern und damit die Wirtschaft effizient lenken, wenn niemand die Macht hat, sie zu beeinflussen. Ein Monopol beispielsweise hätte eine solche Macht.«

»Gibt es noch weitere Gründe für Marktversagen?« fragte Isabel.

»Ein gewisser gemeinsamer Nenner der verschiedenen Formen des Marktversagens ist jene Eigenschaft des Marktes, die gleichzeitig seine Überlegenheit begründet – sein Wettbewerbscharakter. Der Markt spornt zu Konkurrenzverhalten an. Was er jedoch nicht kann, ist Kooperation erzwingen, auch wenn das in manchen Situationen erforderlich wäre, um allen nutzbringenden Handel auszuschöpfen und das Allgemeinwohl zu maximieren.«

Anthony hielt kurz inne.

»Doch selbst im idealen Fall seines perfekten Funktionierens kann der Markt eines nicht – die Frage nach der Verteilungsgerechtigkeit beantworten.«

Isabel verstand nun, warum das dritte Hoch nicht dem freien Markt galt, den sie sich in ihrer Fantasie als kraftvolle Schönheit vorstellte, deren Unbezähmbarkeit und Optimismus die Menschen zu Ideen, Tatkraft und Wettbewerb animierte. Der Markt vermochte zwar durch freien Wettbewerb

Effizienz und durch Effizienz wachsenden Wohlstand zu pro-
duzieren, aber weder durch das eine noch durch das andere jene Voraussetzung gesellschaftlichen Zusammenhalts zu
schaffen, die man Gerechtigkeit nannte.

Anthony brachte seine Gäste zurück in die Halle.

»Ich hoffe, ich konnte Ihre Fragen beantworten, wenngleich
es in der Natur forschenden Fragens liegt, dass jede Antwort
weitere Fragen hervorbringt. Doch nun muss ich mich bei Ihnen entschuldigen. Meine Baustelle verlangt nach mir.«

»Sehen wir Sie morgen auf der Parade?« fragte der Kater.

»Gewiss«, antwortete Anthony.

»Auf welcher Parade?« fragten Isabel und Nikolaj wie aus
einem Munde.

»Na, *der* Parade«, antwortete die Eidechse, »unserer Haupt-
attraktion.«

»Machen Sie sich auf ein fantastisches Erlebnis gefasst«,
sagte der Kater mit vielsagendem Lächeln, »ein reales, kein er-
fundenes. Wir Bewohner von Anderland fragen uns ohnehin,
wozu die Menschen der Vielfalt der Erscheinungen künstli-
che hinzufügen müssen, wo es doch stets die wirklichen sind,
welche die künstlichen übertreffen.«

Und so machten sich die vier Freunde auf den Rückweg zu
der alten Eiche. Im Glanz der Abendsonne leuchtete sie wie
ein goldener Baum des Lebens. Dankbar ließen sie sich nie-
der – die Echse auf einem Stein, der Kater auf einem Ast,
Nikolaj und Isabel im Moos zwischen den Wurzeln. Beschützt
von den ausladenden Ästen sahen sie zu, wie die orangerote
Scheibe hinter den Bergen versank.

In der Dämmerung schmiegte sich Isabel an Nikolaj wie an
einen großen Bruder. Sie ahnte, dass die Unbefangenheit, mit
der sie zu dieser Reise ins Ungewisse aufgebrochen war, dem
Ernst einer Mission gewichen war, in der Widerstände über-
wunden und Widersprüche gelöst werden mussten. Nikolaj

nahm ihre Hand und zog sie auf seine Brust. Sie fühlte seinen gleichmäßigen Herzschlag, vergaß ihre Unruhe und versank bald in tiefen Schlaf.

Nikolaj lag noch lange wach. Er verfolgte, wie der Halbmond am Himmel emporstieg und sein silbriges Licht auf Isabels Gesicht warf. Er löste seine Hand aus der ihren und richtete sich auf, um sie ungestört zu betrachten, die leicht geöffneten Lippen, die geschlossenen Augen, die feingezeichneten Brauen und die kleine Furche dazwischen, die selbst im Schlaf nicht verschwinden wollte. Leichthändig und wie von selbst zeichneten sich diese Bilder in seine Seele – ohne dass er verstand, warum.

Die Waage

Ist Ungleichheit ungerecht?

>>Den Gleichen Gleiches, den Un-
gleichen Ungleiches – *das* wäre
die wahre Rede der Gerechtigkeit:
und was daraus folgt, Ungleiches
niemals gleich zu machen.<<

Friedrich Nietzsche

>>Was ist Gerechtigkeit?<< fragte Isabel am nächsten Morgen,
kaum dass die ersten Sonnenstrahlen sie kitzelten.

>>Viel zu früh für ein solch schwieriges Feld<<, murmelte
Nikolaj im Halbschlaf und drehte sich auf die andere Seite.

>>Keineswegs<<, sagte der Kater. >>Der frühe Morgen ist die
beste Zeit zum Nachdenken.<< Er streckte sich auf dem Ast,
auf dem er geschlafen hatte.

>>Wisst Ihr, was mir einfällt, wenn ich über Gerechtigkeit
nachdenke?<<

Niemand antwortete. Nikolaj schlief im Moos. Die Eidechse träumte auf ihrem Stein. Und Isabel konnte frühmorgens
zwar Fragen stellen, aber keine Antworten geben.

>>Das Bild der Waage<<, gab er sich selbst zur Antwort.

Er räkelte sich und fuhr die Krallen aus.

»Und wisst Ihr, wofür ihre beiden Waagschalen stehen?«

Er hatte es aufgegeben, von seinen verschlafenen Weggefährten eine Reaktion zu erhoffen. Vergnügt sah er nunmehr seinen Gedanken dabei zu, wie sie beim Reden von selbst Form annahmen.

»Für gerechtes Abwägen. Und dafür müssen sie – was? Na, ins Gleichgewicht gebracht werden. Somit könnte Gleichheit ein Element von Gerechtigkeit sein.«

Nikolaj richtete sich auf und rieb sich die Augen. »Es ist zwar noch viel zu früh für ein solch schwieriges Feld, aber ich möchte bemerken, dass die Schwierigkeit in Gerechtigkeitsfragen gerade darin besteht, nicht Gleiches, sondern Ungleiches ins Gleichgewicht zu bringen. Es geht also um das gleiche Gewicht ungleicher Dinge.«

»Ob schuppig oder weich, wir sind doch alle gleich«, murmelte der Eidechsenkönig im Schlaf.

»Gleich? Wir sind ungleich! Allein darin gleichen wir uns!«

Die Ansage des Katers riss den Eidechsenkönig aus seinem Traum.

»Sehen Sie nur ihn und mich an!«

Der Kater hatte sich auf seinem Ast in Positur geworfen und deutete auf seinen Freund herab.

Der Eidechsenkönig wusste nicht recht, was er von dieser in die Runde gesprochenen Aufforderung halten sollte und wurde das Gefühl nicht los, sie solle auf einen Vergleich zu seinen Ungunsten hinauslaufen. Er schob seine hinab gerutschte Brille in Position, richtete sich auf, entschlossen, sein Territorium gegen jegliche auch nur angedeutete Form eines Angriffs zu verteidigen und fixierte den Kater, der davon keinerlei Notiz zu nehmen schien.

»Hiermit möchte ich in aller Höflichkeit klarstellen, dass ich es in puncto Attraktivität durchaus mit Ihnen aufnehmen kann.«

Der Kater zeigte ein mildes Lächeln, das bei aller Freundlichkeit nicht der Herablassung entbehrte.

»Wenn Sie darauf bestehen, werde ich Sie gerne in dem Glauben belassen.«

Zugleich ließ er in beiläufiger Nonchalance keinen Zweifel daran aufkommen, dass es sich um einen aus seiner Sicht belanglosen Nebenschauplatz handelte, und er einen höheren, nämlich den intellektuellen Wettstreit über die Ungleichheit im Auge hatte und die Eidechse sich mit dem Missverstehen seiner Herausforderung dafür bereits disqualifiziert hatte.

»Dennoch – und allein darum geht es hier –«, wies er die Eidechse mit einem Aufblitzen seiner grünen Augen zurecht, »tut das meinem Argument keinerlei Abbruch. Niemand käme auf die Idee, uns als *gleich* zu bezeichnen, andersartig wie wir nun einmal sind.«

Nikolaj schaltete sich ein.

»Der Begriff der Ungleichheit muss präzisiert werden, wenn wir nicht nur Pirouetten auf Glatteis drehen wollen.« Mit einer eleganten Handbewegung zeichnete er eine Spirale in die Luft.

»Im allgemeinen Sprachgebrauch unterscheidet man zwischen ungleich im Sinne von unterschiedlicher Größe, Menge oder Beschaffenheit einerseits und ungleich im Sinne von ungerecht andererseits.«

»Verzeihen Sie, Nikolaj«, beharrte die Eidechse und deutete auf den Kater, »aber es ist nicht nur *ungleich,* sondern auch *ungerecht,* dass ich im Sinne von unterschiedlicher Größe kleiner bin als er, und er kleiner ist als Sie, wo doch Frauen –,« die Eidechse sah Isabel verstohlen von der Seite an, »– bekanntermaßen die hochgewachsenen Exemplare des männlichen Geschlechts bevorzugen.«

Nikolaj bemerkte nur am Rande, dass Isabel ihm bei diesen Worten einen Blick zuwarf, der so strahlend war, dass sie ihn unmöglich hätte verbergen können.

»Normative Schlussfolgerungen sind im Falle von Ungleichheit nur möglich, wenn die betreffenden Personen oder Situationen vergleichbar sind.«

»Vergleichbar?« fragten die drei wie aus einem Munde und sahen einander an – Isabel die Eidechse, Nikolaj, und den Kater, der Kater Nikolaj und die Eidechse, und die Eidechse den Kater und Nikolaj. Dieser hingegen sah nach oben, wie er es stets tat, wenn er sich konzentrierte.

»Es liegt nicht nur an der Körpergröße«, flüsterte Isabel der Eidechse ins Ohr, »sondern mindestens ebenso an der geistigen Größe – und«, sie zögerte, ob sie ausgerechnet ihm das Geheimnis preisgeben sollte, aber dann purzelten die Buchstaben ganz von alleine in der richtigen Klangfolge aus ihrem Mund »– an der samtweichen hellen Haut.«

Worauf der gestiefelte Kater der Eidechse einen triumphierenden Blick zuwarf und sich verständnisvoll an Isabel wandte.

»Ich verstehe durchaus, dass schuppige grüne Lederhaut beim weiblichen Geschlecht kein Verlangen nach zärtlicher Berührung wachruft. Wie wäre es zur Abwechslung mit samtweichem schwarzem Fell?«

Nikolaj hatte nicht bemerkt, dass die Diskussion in jene scherzhaft herausfordernden Spiele zwischen den Geschlechtern abgeglitten war, die er noch nie verstanden hatte, die ihn verwirrten und die er deshalb konsequent mied. Unbeirrt fuhr er fort.

»Vergleichbarkeit stellt ein soziales Werturteil dar. Bereits die Auswahl von Kriterien der Vergleichbarkeit enthält Wertungen. Was macht zwei Individuen vergleichbar? Sind es ihre Bedürfnisse? Ihre Fähigkeiten? Ihre Chancen?«

Isabel seufzte. Eine Frage brachte die nächste hervor. Es schien unmöglich, in der Frage der Gerechtigkeit eine letzte Antwort zu finden.

Nikolaj fuhr fort: »Sind die Individuen vergleichbar, dann hängen die Schlussfolgerungen wiederum von den zugrunde gelegten Prinzipien der sozialen Gerechtigkeit ab. Diese unterscheiden sich nicht nur hinsichtlich des jeweiligen Menschenbildes und der darin gründenden Gesellschaftsform. Sie gehören darüber hinaus auch in das Gebiet der Moralphilosophie. Diese befasst sich mit der Frage, wie die Welt sein *sollte*. Das aber ist nicht mein Territorium. Ich befasse mich damit, wie die Welt *ist*.«

Isabel schwirrte der Kopf. Ungleichheit, Vergleichbarkeit, Gerechtigkeit. Wie sollte sie daraus nur klug werden? Denn klug werden wollte sie.

»Bedeutet Gerechtigkeit also für jeden etwas anderes?«

»Isabel hat recht«, rief die Eidechse, »für jeden von uns hat das Wort Gerechtigkeit eine andere Bedeutung. Für mich wäre es gerecht, genauso groß zu sein wie er.« Er deutete auf den Kater.

Und der Kater entgegnete: »Für mich ist dieser Gedanke nichts anderes als ein mit dem Wesen von Gerechtigkeit nicht im entferntesten in Verbindung stehender Wunschtraum. Genauso gut könnte ich mir wünschen, so groß und blond zu sein wie Nikolaj. Warum sollte ich – wo ich doch auf meine Weise durchaus vollkommen bin? Für mich wäre es gerecht, den meiner ansehnlichen Größe und der Weichheit meines Fells entsprechenden Erfolg beim weiblichen Geschlecht zu haben.«

»Ihr sprecht also von eurem individuellen Gerechtigkeitsempfinden«, sagte Nikolaj und warf dem Kater dabei einen strengen Blick zu, »von euren durch familiäre Prägung, schichtbezogene Interessen und kulturelle Werte unterschiedlich bestimmten Vorstellungen. Euch ist hoffentlich klar, dass sie keine Grundlage für einen allgemeingültigen Gerechtigkeitsmaßstab liefern können. Allerdings ist es ein Kennzeichen freiheitlicher Gesellschaftsordnungen, dass man frei darüber denken, reden und streiten darf, so wie wir es gerade tun.«

Der Kater ergriff das Wort.

»Nikolaj hat Recht. Unser Gerechtigkeitsempfinden ist subjektiv – weniger ein an Fakten geeichtes Präzisionsinstrument als ein am Eigennutzen geprüftes Durchsetzungsmittel. Auch ich kann in der Frage nach der Gerechtigkeit nicht anders, als Anwalt in eigener Sache zu sein und meinen Werten und meinem Interesse gemäß zu argumentieren. Für mich als ein Wesen, welches den Nutzen als Maß für das Glück betrachtet, stellt sich die Frage nach der Gerechtigkeit gar nicht.«

Isabel sah ihn ungläubig an.

»Die Frage der Gerechtigkeit stellt sich für Sie nicht?«

»Aus meiner Sicht stellen alle Fälle größtmöglichen Nutzens für die größtmögliche Anzahl von Menschen das gesellschaftliche Optimum dar. Der Wert einer Handlung bemisst sich nicht an ihren Absichten, sondern ausschließlich an ihren Folgen. Denn erst in ihnen erweist sich deren Nutzen. Brachte nicht der Versuch, den Himmel auf Erden zu schaffen, noch stets die Hölle? Denken Sie auf der einen Seite an die heilsbringenden Absichten der Religion und deren unheilbringende Folgen: Kreuzzüge, Inquisition, Terrorismus, Sexualfeindlichkeit, Frauenunterdrückung. Und betrachten Sie auf der anderen Seite die Marktwirtschaft, die es immerhin schafft, vier Fünftel einer Weltbevölkerung von über sieben Milliarden auf einem Niveau zu ernähren wie nie zuvor in der Menschheitsgeschichte. Folglich wäre sogar eine Lüge, die das allgemeine Glück vergrößert, moralisch gut.«

»Und wie wäre es mit einer Lüge, die das persönliche Glück vergrößert?« fragte der Eidechsenkönig zaghaft.

»Glauben Sie mir«, flüsterte Isabel ihm zu, »es geht nicht um die Körpergröße«.

»Um Körpergröße?« fragte Nikolaj, dem entgangen war, worüber die Eidechse und Isabel gesprochen hatten. »Ich befasse mich mit der ungleichen Verteilung von Einkommen und Vermögen und kann zu *dieser* Debatte nichts beitragen.

Außerdem enthalte ich mich als Ökonom eines Werturteils zu Fragen der Gerechtigkeit.«

Er löste ein Blatt von einem herabhängenden Ast. Während er das reliefartige Muster der Adern auf der Blattunterseite betrachtete, dachte er nach. Der Eidechsenkönig, der in einiger Entfernung auf dem Stein saß, gestand sich ein, dass Nikolaj in seiner menschlichen Gestalt *ungleich* viel besser zu Isabel passte als er selbst. Und das war keine Frage der Körpergröße.

Isabel ging die Frage der Gerechtigkeit nicht aus dem Kopf.

»Können ungleiche Einkommen überhaupt gerecht sein?«

»Nicht dass ich vor Ihrem Gerechtigkeitssinn nicht den Hut zöge«, sagte der Kater, »aber was soll daran ungerecht sein? Der eine verdient mehr, der andere weniger, der eine leistet mehr, der andere weniger. Gleiches wird gleich, Ungleiches ungleich behandelt. Das nennt man Leistungsprinzip.«

»Leisten eine Krankenschwester oder ein Künstler denn weniger als ein Konzernmanager? Das würde ja bedeuten, dass Leistung ausschließlich an der Produktion wirtschaftlichen Nutzens gemessen wird.«

»Wie könnte es anders sein?« erwiderte der Kater. »In unserem Marktsystem, das auf dem Gedanken ökonomischen Nutzens und dessen Konvertierbarkeit in Geld basiert, werden die Einkommen nicht von der sozialen oder kulturellen Bedeutung einer Tätigkeit bestimmt, sondern von ihrem Marktwert.«

»Wenn man beurteilen will, ob ungleiche Einkommen gerecht sind oder nicht«, wandte Nikolaj ein, »muss man sich nicht nur das Ergebnis, sondern auch den Prozess ansehen, der zu den ungleichen Einkommen geführt hat.«

»Wieso das?« fragte Isabel.

»Ungleiche Einkommen sind nur ungleich. Das ist weder gut noch schlecht. Daraus lässt sich noch kein wertendes Urteil ableiten. Eine Frage ist zum Beispiel, ob sie auf gerechte

Weise zustande gekommen sind. Solange der Prozess der Einkommensentstehung gerecht ist, könnte man die daraus entstandenen Unterschiede als gerecht erachten. Diese Form der Gerechtigkeit nennt man übrigens Prozessgerechtigkeit.«

»Wobei sie voraussetzt, dass die Ausgangsbedingungen fair sind«, sagte die Eidechse.

»Meinen Sie damit Chancengleichheit?« fragte der Kater. »Gibt es sie überhaupt? Und was, bitte schön, bedeutet sie genau?«

»Na, dass jeder dieselben Startchancen hat«, sagte Isabel ohne nachzudenken.

»Dieselben?« Der Kater zog die Brauen hoch.

Isabel bemerkte, dass der Gedanke, der ihr so selbstverständlich über die Lippen gekommen war, keineswegs selbstverständlich war. Denn die ungleichen Talente und die ungleiche Herkunft der Menschen führten unvermeidlich zu ungleichen Chancen. Auch war der Begriff der Chancengleichheit keineswegs so leicht zu fassen, wie sie angenommen hatte.

»Also gut«, räumte sie ein, »angenommen, es wäre dafür gesorgt, dass alle die gleichen Startchancen hätten, und angenommen, auch der anschließende Prozess der Einkommensentstehung wäre fair: Was würde diese Fairness demjenigen nutzen, der so wenig verdient, dass er am Ende verhungert? Oder will etwa einer von Ihnen behaupten, dass es einen gerechten Hungertod gibt?«

»Diesmal, liebe Isabel, beantworte *ich* Ihre Frage!« Der Kater warf Nikolaj und der Eidechse einen triumphierenden Blick zu und nahm schwungvoll seinen Hut ab.

»Und zwar indem ich eigens für Sie ein zweites Gerechtigkeitsprinzip aus dem Hut zaubere!«

Er griff in den Hut und tat so, als zöge er mit einem Ruck etwas heraus.

»Die Endzustandsgerechtigkeit! Dieses Prinzip befasst sich nur mit den tatsächlich beobachteten Unterschieden der Einkommen und ist somit zustandsbezogen. Es bewertet nicht den Weg zum Ergebnis, sondern nur das Ergebnis selbst.«

Isabel klatschte in die Hände, und der Eidechsenkönig setzte seine Brille auf.

»Und wo ist die Prozessgerechtigkeit, die eben noch im Raum stand?« fragte er.

»Wohl wieder in dem Ärmel, aus dem ich sie vorhin geschüttelt hatte«, scherzte Nikolaj.

»Man schüttelt das eine Prinzip aus dem Ärmel und zaubert das andere in den Hut zurück, je nachdem, welches gerade passt?« fragte Isabel.

»Es ist eine Zweckmäßigkeitsfrage, welches Gerechtigkeitsprinzip man anwendet«, sagte Nikolaj.

»Und was zweckmäßig ist«, sagte der Kater, »hängt von der Fragestellung ab. Wollen wir einen Zustand wie die Armut beurteilen, so scheint nur das Kriterium der Endzustandsgerechtigkeit zweckmäßig. Geht es aber zum Beispiel darum, die Ungleichheit der *Lebens*einkommen zu bewerten, wäre das Kriterium der Prozessgerechtigkeit sinnvoll.«

Isabel seufzte. Je weiter sie in die Zusammenhänge von Ungleichheit und Gerechtigkeit eindrang, desto komplizierter wurde es. Sie verstand nun, dass es von der Feststellung bestimmter Einkommensunterschiede zur Feststellung eines gerechten oder auch ungerechten Zustandes alles andere als ein einfacher Schritt war.

»Ungleichheit«, sagte Nikolaj, das Blatt musternd, »betrachte ich überdies als Voraussetzung für das Funktionieren der Marktwirtschaft und damit den historisch einmaligen Wohlstand, den sie geschaffen hat.«

»Wollen Sie damit sagen, die ungleiche Verteilung des Wohlstands sei Voraussetzung dafür, dass dieser überhaupt entsteht?« fragte die Eidechse.

»Genau das«, sagte Nikolaj. »Die ungleichen Belohnungen

des Marktes motivieren die Menschen, auf ihre Muße zu verzichten, mehr zu arbeiten und jene Risiken einzugehen, ohne die weder große Leistungen noch große Vermögen zustande kommen. Auf diese Weise mobilisiert der Markt die Motivationen und Fähigkeiten und erzeugt jene wirtschaftliche Dynamik, die größtmöglichen Wohlstand schafft.«

»Aber sie schafft ihn nicht für alle in gleichem Maße«, wandte Isabel ein.

Nikolaj strich über die weiche Blattunterseite.

»Das ist richtig. Doch bevor ein Kuchen verteilt werden kann, muss es ihn erst einmal geben. Und wer würde einen überdurchschnittlichen Einsatz erbringen ohne Aussicht auf eine überdurchschnittliche Belohnung? Hierin liegt die Wurzel des Problems. Denn diese Belohnung ist der erste Schritt in eine Welt der ökonomischen Ungleichheit.«

Die Parade

Die Einkommensverteilung

Jede Stadt nämlich besteht aus vielen
Städten; wenigstens zwei sind es,
feindlich einander, die der Armen und
die der Reichen.

Platon

»You know, Ernest, the rich are dif-
ferent from us.«

F. Scott Fitzgerald

»Yes, I know. They have more money
than we do.«

Ernest Hemingway

Was sie in der folgenden Stunde zu sehen bekommen sollten,
blieb jedem einzelnen von ihnen lange in Erinnerung. Nicht
nur weil es wie alles Monströse die Grenzen ihres jeweiligen
Vorstellungsvermögens sprengte, sondern weil es wie jede
Überschreitung von Grenzen mit dem Gefühl eines körperlich empfundenen Aufruhrs und einer dadurch bedingten er-
höhten Wachsamkeit einherging, die dazu führte, dass sich

das Geschehen jedem von ihnen mit dramatischer Genauigkeit einprägte.

Die Menschen von Anderland hingegen, die alljährlich der Parade beiwohnten, hatten sich an deren Sonderbarkeit gewöhnt und sahen sie nicht ohne Stolz als unvermeidlichen Ausdruck des in ihrem kleinen Land herrschenden Marktsystems an, in dem sie das Wirken einer unsichtbaren Hand zu erkennen glaubten, der sie sich bereitwillig unterwarfen.

Der Eidechsenkönig bot jedem von ihnen einen Wimpel an.

»Wählen Sie für die kommende Stunde Ihre Farbe: Rot für Energie, Blau für Kontemplation, Weiß für Erkenntnis, Gelb für Heiterkeit, Grau für Objektivität, Schwarz für Geheimnis, Orange –»

»– nehme ich«, sagte Nikolaj.

Anthony entschied sich für Blau. Der Kater nahm Rot.

»Ist das hier die Regel?« fragte Isabel und griff zu Weiß.

»Psst«, mahnte der Kater, »es geht los.«

Das Rufen, Lachen und Lärmen der Zuschauer, die sich an den Absperrungen drängten, verstummte. Ein Ausdruck gespannter Erwartung trat auf die Gesichter.

›Was zum Teufel ist das?‹ Nikolaj rieb sich die Augen. Kamen da tatsächlich Gestalten mit dem Kopf nach unten vorbei?

Kaum waren sie vorbeigezogen, setzten einige der Umstehenden ihre Brillen auf. Andere zogen ein Fernglas aus der Tasche. Isabel konnte jedoch keinen einzigen Menschen auf der Straße entdecken.

»Wohin starren sie?« fragte sie. »Da ist nichts.«

»Doch«, widersprach der Kater, »– die Winzlinge!«

»Wo denn?«

»Dort!«

Schließlich entdeckte Isabel die winzigen Gestalten, die ihrem Namen alle Ehre machten, da sie so klein waren, dass jede von ihnen zwischen Daumen und Zeigefinger gepasst hätte. Dem Tuscheln der Umstehenden entnahm sie, dass es sich um Sozialhilfeempfänger handelte. Auf sie folgten die Empfänger der staatlichen Berufsausbildungsförderung, sogenannte Däumlinge, wie ihr der Eidechsenkönig beflissen erklärte. Sie seien kaum länger als das Lineal, das er in seiner Kartenwerkstatt benutze. Zu gerne hätte Isabel einen von ihnen auf die Hand genommen, ein Jäckchen zugeknöpft, ein Mützchen geradegerückt oder ein Mäntelchen mit der Fingerspitze vom Straßenstaub befreit. Doch die rote Kordel der Absperrung und die strengen Blicke der Sicherheitsbeamten hinderten sie daran.

Dann traten Zwerge auf, unter ihnen Rentner und freiberufliche Schauspieler. Sie reichten Isabel gerade bis zum Rocksaum. Der Eidechsenkönig, der Kater und die übrigen Zuschauer schwenkten begeistert ihre Fähnchen, beklatschten und bejubelten die komödiantischen Einlagen, mit denen die Vorbeiziehenden das Publikum erheiterten.

Nach zehn Minuten rückten die ersten Vollzeitbeschäftigen an.

»Siebzig Zentimeter«, murmelte Nikolaj.

»Liliputaner«, ergänzte der Eidechsenkönig.

Isabel entnahm den Scheren, Kämmen und Bürsten, die aus den Taschen ihrer Kittel ragten, dass es Friseure waren. Auf sie folgte eine Gruppe von kaum größeren Kellnern, Köchen und Gärtnern, letztere erkennbar an Rechen und Spaten, die sie über der Schulter trugen. Lange Zeit ging es so weiter: Lagerarbeiter, Gastwirte, Lastwagenfahrer, Dachdecker, Pförtner, Maurer, Sozialarbeiter, Straßenreiniger, Kindergärtner, Krankenschwestern. Keiner in diesem Heer berufstätiger Menschen erreichte auch nur annähernd die durchschnittliche Größe eines Erwachsenen. Während die Zuschauer sich ausgelassen dem bunten Treiben überließen, rätselte Isabel, was hinter dieser Parade stecken mochte. Nikolaj stand neben ihr, den Wimpel in der Brusttasche seines Jacketts, und war in fortlaufende Analysen vertieft.

Isabel tippte ihm auf die Schulter.

»Warum sind sie nur so klein? Was hat das zu bedeuten?«

»Der Festzug dauert genau eine Stunde«, sagte Nikolaj. »Richtig?«

»Richtig«, antwortete Isabel.

»Dem bisherigen Verlauf entnehmen wir, dass die Teilnehmer der Größe nach geordnet auftreten, die kleinsten zuerst, die größten zuletzt.«

»Und was ist der Grund für die Größenunterschiede? Warum sind die einen kleiner, die anderen größer?«

»Meine Hypothese lautet: Die Parade ist ein Abbild der Einkommensverteilung. Die Teilnehmer treten nach ihrem Einkommen geordnet an, die niedrigsten Einkommen zuerst, die höchsten zuletzt. Dabei entspricht die Körpergröße einer Person ihrem jährlichen Bruttoeinkommen – eine Person mit dem Durchschnittseinkommen wäre daher in der Parade eine Person mit der Durchschnittskörpergröße, und jede andere Person wäre entsprechend kleiner oder größer.«

»Und jene, die mit dem Kopf nach unten an uns vorbeigekommen sind?«

»Das sind Personen mit einem negativen Einkommen. Es sind Geschäftsleute und andere, die mit ihren Investitionen und Spekulationen Verluste gemacht haben.«

»Aber wir stehen hier schon seit einer halben Stunde und haben außer ihnen nur Winzlinge, Däumlinge, Zwerge, Liliputaner gesehen. Warum nur?«

»Wegen der Rechtsschiefe der Verteilung«, erwiderte Nikolaj.

»Der was?«

»Der Rechtsschiefe der Verteilung«, wiederholte Nikolaj. »Die meisten Menschen verdienen wenig, und die wenigsten viel. Ich vermute daher, dass die Gruppe mit dem Durchschnittseinkommen nicht nach der Hälfte der Zeit vorbeikommen wird, wie es bei einer symmetrischen Verteilung der Fall wäre, sondern erst deutlich später.«

Nikolaj sollte Recht behalten. Erst nach einer Dreiviertelstunde, wie die Eidechse mit einem Blick auf ihre Taschenuhr feststellte, zog ein Tross von Werkzeugmachern und Schaffnern vorbei, die so groß waren wie Isabel. Jetzt, mit dem Beginn der letzten Viertelstunde, was dem obersten Viertel der Einkommensverteilung entspricht, nahmen die Körpergrößen jedoch schlagartig zu. Gymnasiallehrer, Professoren, Architekten und Elektroingenieure waren bereits so groß, dass sie den hochgewachsenen Nikolaj überragten. Die danach vorbeiziehenden Unternehmensberater, Anwälte und Ärzte waren Hünen von mehr als drei Metern. Als kurz darauf eine Truppe von Geschäftsführern, Bundestagabgeordneten und obersten Richtern anrückte, die über vier Meter maßen, ging ein ehrfürchtiges Raunen durch die Menge.

Isabel begriff nun, dass die Parade mehr war als nur ein fantastisches Erlebnis. Sie war die alljährliche Demonstration der Wirkungsmacht jenes marktwirtschaftlichen Systems, dem die Menschen ihr Überleben und ihren Wohlstand verdankten, und das zugleich mehr als jede andere Einflussgröße bestimmte, welchen Platz jeder von ihnen in der Stufenleiter der Gesellschaft einnahm. Dieser Platz wurde weniger von dem Wert der Arbeit bestimmt, die jemand leistete, als von der Menge des Geldes, das er verdiente.

Anthony nahm Isabel zur Seite.

»Was Sie hier sehen, gilt für ein Land wie Deutschland, von dem Sie wohl nicht vermuten würden, dass es dort solche himmelweiten Unterschiede – «

Der anschwellende Jubel verschluckte seine übrigen Worte. Die Eidechse sah auf ihre Taschenuhr.

»Noch eine Minute. Dann ist der Zauber vorbei.«

»Die obersten 1,7 % der Verteilung«, murmelte Nikolaj.

Auf den Gesichtern der Umstehenden mischte sich Ungläubigkeit in die Heiterkeit, Angst in die Erregung. Denn was nunmehr auf sie zukam, waren Riesen von mehr als zwanzig Metern.

»Das ist kein Zauber«, sagte der Kater, »das ist Wirklichkeit!«

»Großunternehmer«, erklärte die Eidechse.

Die Wucht ihrer Schritte ließ den Boden vibrieren, das gewaltige Schuhwerk passte kaum noch zwischen die Gehsteige. Die Zuschauer wichen von den Absperrungen zurück. Kleine Kinder, die nicht auf den Schultern ihrer Väter saßen, versteckten sich zwischen den Beinen ihrer Mütter. Die meisten Schaulustigen flüchteten in die Seitenstraßen. Entschlossen, bis zum Ende des Festzugs auszuharren, drängten sich Nikolaj, Isabel, Anthony, die Eidechse und der Kater gerade noch rechtzeitig in einen Hauseingang, gefolgt von einer Gruppe von Liliputanern, die zu Anfang der Parade mit den Friseuren vorbeigezogen waren und sich den Anblick der Riesen ebenfalls nicht entgehen lassen wollten.

»Budapester, englisch«, flüsterte einer der Liliputaner, worauf die anderen nickten und kicherten.

»Monks, rahmengenäht!« konstatierte ein anderer, der sich ebenfalls mit Schuhen auszukennen schien.

»Super 100, italienisch«, meinte einer mit Brille, den Stoff eines Hosenbeins begutachtend.

Dann tauchten die schwarzbestrumpften, endlos langen Beine einer weiblichen Schönheit auf, die zum Bedauern des jubelnden Publikums unterhalb der Gürtellinie in den Baumkronen verschwand.

»Seidenglanz! Verführerisch!« rief der Kater begeistert.

Die Liliputaner stimmten kichernd ein. Isabel lachte mit. Erregt von Angst, Staunen und Begeisterung klatschten sie Beifall.

»Tolles Stück!«

Derjenige mit der Brille deutete anerkennend auf Isabels rotes Kleid.

»Vintage?«

»Wie bitte?«

Er zwinkerte Isabel zu. Sie hätte schwören können, ihn schon einmal gesehen zu haben.

Plötzlich war ein dumpfes Dröhnen zu vernehmen. Die Straßenlaternen fingen an, sachte hin und her zu schwingen. Nikolaj legte den Arm um Isabel, die Eidechse schloss ihre graugrünen Finger um die Taschenuhr, der Kater blickte zu Anthony.

»Der Wahnsinn der letzten Minute wird noch übertroffen durch jenen der letzten Sekunden«, flüsterte dieser.

Eine hypnotische Faszination für das Unfassbare ergriff sie, die erst im letzten Moment in den Schrecken des Begreifens umschlug.

Anthony war in entrückter Stimmung. Wie durch ein umgedrehtes Fernrohr blickte er in seine Vergangenheit zurück und sah am Ende sich selbst als jungen Mann – nachsinnend über die ungleich verteilten Fähigkeiten und Möglichkeiten der Menschen, sich in einem System zu behaupten, das auf die Maximierung von Eigennutz und materiellem Profit ausgerichtet war. Er erinnerte sich an jenen Gedankenblitz, der den großen Zusammenhang erhellte, in dem alles enthalten war, was er in den folgenden Jahrzehnten belegen würde: Dass die Ungleichheit nicht nur Voraussetzung des Systems war, sondern auch die mögliche Ursache seiner Zerstörung. Doch alle Theorie war zu grau, um die grelle Farbigkeit der Welt zu erfassen. Was er damals vor seinem inneren Auge gesehen hatte, trat ihm jetzt als karnevaleske Wirklichkeit entgegen, und in jähem Schrecken fragte er sich, ob sich in diesem Augenblick, der seinem Streben eine nachträgliche Berechtigung und seiner Existenz so etwas wie Sinn verlieh, nicht sein Schicksal erfüllte.

Auch der Eidechsenkönig zog sein Resümee – dass weder maßgeschneiderte Anzüge noch rahmengenähte Schuhe, sondern allein die Kunst es vermochte, der Monstrosität des Übermaßes den Glanz des Edlen und Subtilen zu verleihen, und es dazu Charaktere wie des seinen bedurfte. Denn insgeheim hielt er sich für einen Künstler.

Während die Liliputaner einander in handwerklichen Fach-
kenntnissen übertrumpften, was zu einem Disput führte, ob
die Perlenstickerei auf einem Chiffonkleid nun aus einer Ma-
nufaktur in Paris oder in Neapel stammte, und in der Frage
gipfelte, warum jene, deren geschickte Hände an Haute-Cou-
ture-Kreationen mitwirkten, nur Hungerlöhne bekamen, der
Kater sich an Frauenbeinen ergötzte und im übrigen auf einen
wolkenlosen Himmel hoffte, um die Dekolletees von unten
bewundern zu können, die Eidechse beschloss, endlich ihrer
Berufung zu folgen, Isabel an die Zwerge aus den Märchen ihrer Kindheit dachte und Anthony an seinen Tod, erkannte Nikolaj als einziger, was vor sich ging. Aufgrund seiner Beob-
achtungen hatte er die Zunahme des Größenwachstums der
Riesen errechnet. Als seine Rechenoperationen nicht mehr
damit Schritt hielten, ergriff er Isabels Hand und bedeutete
ihr und den anderen mitzukommen.

»Wir müssen hier weg! Sofort!«

Warum das nicht gelang, lässt sich nicht mehr rekonstruieren,
denn jeder der vier Gefährten hatte andere Bruchstücke der
sich in wenigen Augenblicken vollziehenden dramatischen
Ereignisse wahrgenommen und sie in der Erinnerung zu einem eigenen Bild der in ihrer Gesamtheit unfassbaren Wirklichkeit zusammengefügt.

In der letzten halben Sekunde vor dem Ende der Parade,
als die Körpergrößen in Abständen von Millisekunden in un-
vorstellbare Höhen schossen, hatte die Eidechse fassungslos
die Taschenuhr zugeklappt. Einem der Liliputaner war angesichts einer über hundert Meter großen Gestalt ein Apfel
aus der Hand geglitten. Nikolaj glaubte sich zu erinnern, wie
er die Brille abgenommen hatte, als unmittelbar hinter dieser Gestalt ein fünfmal so großer Gigant auftauchte. Ein kleiner blonder Junge, der den auf die Straße kullernden grünen
Apfel gesehen hatte, wollte gerade auf die Straße laufen, als
Anthony herbeisprang, um ihn zurückzuhalten. Doch bevor

er den Buben zu fassen bekam, duckte sich dieser, las den Apfel auf und streckte ihn stolz in die Höhe, so dass alle ihn sehen konnten. Als er sich mit einem Ausdruck kindlichen Triumphes nach Anthony umdrehte, traf ihn wie aus dem Nichts ein riesenhafter Schuh – der Schuh eines Riesen mit einer Körpergröße von beinahe 3 Kilometern. Der Junge sank zu Boden, seine Hand öffnete sich, der Apfel rollte heraus und blieb in der Nähe der Absperrung liegen.

Anthony sah nichts – außer dem bewusstlosen Jungen, dem ein Rinnsal hellroten Blutes aus der Nase lief. Er fühlte nichts – außer dem Impuls, ihn zu retten. Als er zu ihm stürzte, war ihm, als zerfiele seine Bewegung in zahllose Einzelteile, die wie die Zahnräder eines Uhrwerks eines ums andere ineinandergriffen, als träte er ein in eine andere Dimension der Wahrnehmung, in der er zum Beobachter seiner selbst wurde und die Einheit der Person, an die er bis zum diesem Moment geglaubt hatte, sich als Illusion erwies. Mit einem dumpfen Geräusch traf ihn etwas an der Schläfe, ohne auch nur die Spur eines Schmerzes auszulösen. Ebenso unerwartet wie das Geschehen der letzten Sekunden verlosch auch die überdeutliche Schärfe, die seine Wahrnehmung für einen Moment erhellt hatte.

Als Anthony zu Boden sackte, schrie Isabel auf. Die Liliputaner stürmten auf die Straße, nach und nach folgten die Menschen aus den Hauseingängen. Ein Tumult brach los. Die geordnete Formation der Parade löste sich auf. Die mit Scheren, Kämmen, Kellen, Kochlöffeln, Messern, Spaten, Sensen und Rechen bewaffneten Handwerker, die Lagerarbeiter und Lastwagenfahrer, die Krankenschwestern und Kindergärtner, die Bergleute und Bürofachkräfte, Gymnasiallehrer und Professoren und all die anderen versammelten sich, um sich dem fast 40 Kilometer großen Titanen in den Weg zu stellen, der sein gesamtes Einkommen aus Kapital und nicht aus Arbeit bezog, der den Abschluss der Parade bildete und von oberhalb der Wolkendecke, wo die Sonne schien, nicht einmal sehen konnte was geschah.

Nikolaj kämpfte sich durch das Gewühl, hob den Jungen von der Straße auf, der ihm in diesem Augenblick mit dem blonden Schopf und den langen Wimpern wie sein kindliches Ebenbild vorkam, nahm Isabel an die Hand und bahnte sich mit ihnen den Weg durch das außer Rand und Band geratene Chaos.

11

Der Apfel

*Werturteil, Umverteilung und
die Rolle des Staates*

> The principal problem in Political
> Economy [is] to determine
> the laws which regulate [how]
> the produce of the earth ... is
> divided.
>
> *David Ricardo*

Die Zeit hatte wieder ihr Maß gefunden. Auch wenn der Weltenlauf Anthony unwiederbringlich verschluckt hatte und allen vor Augen geführt hatte, dass auch sie irgendwann damit an der Reihe waren, hatten sie als Überlebende wieder in jene straffe und zugleich beruhigende Ordnung zurückgefunden, die ihnen die Chronologie des Daseins aufzwang. Für den Rest der Reise war es das Vorrücken des Uhrzeigers, der in vertrauter Regelmäßigkeit den Rhythmus der Geschehnisse vorgab.

»Was für ein unglückseliger Zufall«, sagte der Kater, als sie wieder unter der Eiche saßen. »Wäre dem Liliputaner nur nicht der Apfel aus der Hand gerollt.«

Isabel schüttelte traurig den Kopf.

»Das war kein Zufall. Dem Liliputaner ist der Apfel aus der Hand gerollt –«

»– weil er etwas gesehen hat, was jenseits seiner Vorstellungskraft lag.« Der Kater zuckte mit den Achseln.

»Die Welt ist, wie sie ist. Und zweifellos übertrifft sie unsere Fantasie weitaus öfter als wir annehmen.«

Isabel stieg die Röte der Empörung in die Wangen.

»Haben Sie Anthony vergessen? Die Welt mag sein, wie sie ist. Das ist kein Grund, solche Exzesse hinzunehmen.«

»Ohne das eine gäbe es nicht das andere, ohne die Exzesse gäbe es auch den Rest nicht«, sagte er beschwichtigend. »Und auf diesen Rest – den historisch einmaligen Wohlstand – würde niemand freiwillig verzichten wollen.«

»Ihr Wunsch nach einfachen Wahrheiten mag verständlich sein«, sagte Nikolaj, »doch so einfach ist es nicht. Auch wenn beides Ergebnis desselben Marksystems ist, heißt das nicht, dass es den Wohlstand nicht auch ohne Exzesse gäbe.«

»Wie kommt es überhaupt zu solchen Riesen?« fragte die Eidechse.

»Sie haben mit einzigartigen Talenten und besonderen Märkten zu tun«, sagte Nikolaj, »in denen eine massenhafte Nachfrage auf ein singuläres Angebot trifft. Ein Beispiel ist der Superstar, der einen ganzen Markt bedient. Außerdem gibt es Märkte, in denen es nicht darum geht, ob jemand seine Arbeit gut macht, sondern darum, wer sie besser macht als alle anderen. Das ist bei messbaren Leistungen der Fall, für die Rankings aufgestellt werden – wie im Profisport oder im Investmentbanking. In solchen Märkten, in denen nur der Gewinner zählt, gibt es aufgrund der extremen Konzentration der Nachfrage gewaltige Einkommensmöglichkeiten. Und da die Quantifizierung von Leistungen in vielen Bereichen fortschreitet, breiten sich solche Märkte und das mit ihnen einhergehende extreme Einkommensgefälle aus.«

Nikolaj machte eine Pause.

»An der obersten Spitze geht es aber meist nicht mehr um

Einkommen aus Arbeit, sondern um Einkommen aus riesigen Vermögen.«

»Und wie sind diese entstanden?« fragte Isabel.

»Durch unternehmerisches Geschick, Erbschaft oder Spekulation – aber auch durch Glück. Wer mit glücklicher Hand in ein Unternehmen investiert und es zum richtigen Zeitpunkt verkauft, kann es auf diese Weise zu sagenhaftem Reichtum bringen. Die durch die Technologie des Internets entstandenen unternehmerischen Möglichkeiten haben viele solcher gigantischen Vermögen hervorgebracht.«

»Internet?« fragte die Eidechse und sah zum Kater. Dieser hob ratlos die Schultern.

»Ach, Google, Facebook, WhatsApp«, antwortete Isabel. Aber weder die Eidechse noch der Kater verstanden, was sie damit meinte.

»Damit kann man wahrscheinlich Stroh zu Gold spinnen«, flüsterte der Kater der Eidechse zu, »wie im Märchen.«

»Das ist kein Märchen«, widersprach Nikolaj, »das ist Wirklichkeit!«

»Und wie stellt sich diese Wirklichkeit zur Frage der Gerechtigkeit?« kam Isabel auf ihre Herzensangelegenheit zurück.

»Wir haben festgestellt«, sagte Nikolaj, »dass wir uns zuerst auf bestimmte Grundannahmen und Werturteile einigen müssten, um Gerechtigkeit überhaupt definieren und die Fakten daran messen zu können.«

»Gesetzt den Fall«, sagte der Kater, »wir würden uns einigen und kämen zu dem Ergebnis, dass die Einkommensverteilung ungerecht sei, was dann?«

»Dann müsste umverteilt werden«, antwortete die Eidechse.

»Und wer ist dafür zuständig?« fragte Isabel.

»Es gibt nur eine Institution, die dazu die demokratisch legitimierte Macht besitzt«, sagte Nikolaj, »und das ist der Staat«.

»Wozu auf den Staat und seine Volksvertreter warten?« rief die Eidechse, »Wir sind das Volk!«

In einem Anflug romantischer Fantasie sah der Kater sich mit wippender Feder am Hut durch den Wald reiten und das Geld der Reichen an die Armen verteilen. Seine Vorstellungskraft war im Begriff auf und davon zu galoppieren, als seine Vernunft gerade noch die Zügel anzog. Und was er sich selbst nicht erlaubte, wollte er schon gar nicht einem Rivalen durchgehen lassen.

»Ich bitte Sie! Sie sind doch Demokrat. Und selbst wenn Sie Anarchist wären, gäbe es heute keinen Platz mehr für einen Robin Hood. Wir leben schließlich nicht in einem Feudalstaat.«

»Der feudale Geist hat auch in der bürgerlichen Gesellschaft überlebt«, widersprach die Echse.

»Was wollen Sie damit sagen? Wir leben in einer Leistungsgesellschaft«, konterte der Kater. »Im Gegensatz zum Feudalismus ist die Ungleichheit der Einkommensverteilung nicht das Ergebnis von Geburt und Herkunft, sondern von Leistungsunterschieden.«

Die Eidechse nahm die Brille ab und sah ihn mit goldenen Augen an.

»Wie Sie sicherlich wissen, wird auch heute noch Vermögen vererbt – ebenso wie Unvermögen. Dabei werden nicht nur Besitz, Werte, Habitus, Bildung und soziale Netzwerke an die eigenen Kinder weitergegeben, sondern auch der Mangel daran. Es gibt sogar eine Armutsvererbung. Die Wahrscheinlichkeit, dass jemand, der in einer Familie mit niedrigem Einkommen aufgewachsen ist, ebenfalls arm wird, ist doppelt so hoch wie bei jenen, die als Kinder keine Armut kennen. Die Herkunft spielt für den wirtschaftlichen Erfolg noch immer eine wesentliche Rolle.«

»Wieso das?« fragte Isabel.

»Ein wesentlicher Faktor ist das Bildungsniveau«, erklärte Nikolaj. »Dieses wird unter anderem vom Einkommen der Eltern bestimmt. Abhängig von ihrer sozialen Herkunft haben Kinder also keineswegs die gleichen, sondern unterschiedliche Chancen. Diese Weitergabe von Vor- und Nachteilen von einer Generation an die nächste verstärkt naturgemäß bestehende Ungleichheiten.«

»Man könnte also durchaus von einer Rückkehr der Klassengesellschaft sprechen«, sagte die Eidechse und wandte sich überaus höflich an den Kater: »Ich gebe Ihnen zwar insofern Recht, als die Klassenzugehörigkeit heute vor allem von Leistungsunterschieden bestimmt wird, während sie früher hauptsächlich durch Besitzverhältnisse zustande kam. Dennoch beeinflusst auch heute noch die soziale Herkunft die ökonomische Zukunft – nur unter anderen Vorzeichen.«

›Ein Marxist‹, dachte der Kater, entschied aber, dass dies nicht der Moment für eine Frontalattacke war und enthielt sich eines Kommentars.

»Es gibt einen Maßstab für die Durchlässigkeit einer Gesellschaft«, sagte Nikolaj, »also für die Möglichkeit des Einzelnen, sich durch Leistung oder Glück von seiner Herkunft zu entfernen und einen anderen wirtschaftlichen Status als seine Eltern zu erreichen – die sogenannte intergenerationelle Einkommensmobilität. Solange Arm und Reich die Plätze tauschen können, wird auch die Ungleichverteilung der Einkommen als weniger ungerecht empfunden. Allerdings muss diese Hoffnung nicht immer berechtigt sein. So ist die Ungleichheit in den USA größer und die Mobilität geringer als in Deutschland. De facto sind die Aufstiegschancen dort schlechter als in Deutschland. Trotzdem ist in den USA nicht nur der Wunsch nach Umverteilung geringer, sondern auch der Glaube an den sprichwörtlichen Aufstieg vom Tellerwäscher zum Millionär ungebrochen.«

»Wo liegt das Problem?« fragte der Kater. »Jede Gesellschaft kann frei entscheiden, worauf sie größeren Wert legt – auf Effizienz oder auf Gerechtigkeit.«

»Das muss sie sogar«, fuhr Nikolaj fort, »denn Effizienz

und Gerechtigkeit lassen sich in aller Regel nicht gleichzeitig verwirklichen. Das ist das Dilemma sowohl des Systems der Marktwirtschaft als auch der praktischen Wirtschafts- und Finanzpolitik.«

»Warum?« fragte Isabel.

»Nimmt die Effizienz zu, steigt typischerweise auch die ökonomische Ungleichheit«, erklärte Nikolaj. »Mir ist keine Maßnahme des Staates bekannt, die beiden Zielen gleichzeitig dienen könnte, nämlich einerseits die Größe des Kuchens und andererseits die Fairness seiner Verteilung zu erhöhen. Selbst staatliche Förderungen zur Erhöhung der Produktion führen im Allgemeinen zu einer Erhöhung der ökonomischen Ungleichheit – denn wettbewerbsbedingt nimmt nicht nur die Zahl der Gewinner, sondern auch die der Verlierer zu. Umgekehrt haben Umverteilungsmaßnahmen, die auf eine stärkere Gleichverteilung abzielen, fast immer damit zu kämpfen, dass genau dadurch der zu verteilende Kuchen kleiner wird.«

»Wovon hängt es denn ab, ob und inwieweit eine Gesellschaft der Effizienz oder der Gerechtigkeit den Vorzug gibt?« fragte Isabel.

»Welches der beiden Ziele dominiert, hängt vom gesellschaftlichen Wertesystem und den institutionellen Rahmenbedingungen ab. Darin unterscheiden sich Europa und die USA. Während die Gesellschaften der alten Welt ein größeres Gewicht auf Fairness legen, lautet die oberste Maxime in den USA Freiheit. Das erklärt auch, warum dort der Wunsch nach Umverteilung trotz höherer Ungleichheit geringer ist.«

»Und wie könnte der Staat für Verteilungsgerechtigkeit sorgen?«

»Wenn eine Gesellschaft findet, dass die Reichen zu viel und die Armen zu wenig haben, kann sie den Reichen etwas nehmen und den Armen etwas geben. Dafür gibt es zwei prinzipielle Möglichkeiten – eine direkte und eine indirekte. Die direkte ist eine Umverteilung durch Besteuerung.«

»Von den Reichen zu den Armen?«

»Das ist die naheliegende Vermutung, Tatsächlich beobachtet man tendenziell etwas anderes, nämlich eine Umverteilung von den Reichen und den Armen zur Mittelschicht, was dann durch Transfers an die Armen kompensiert wird.«

»Wie bitte?«

»Von oben und unten zur Mitte.«

»Zur Mitte??«

»Das liegt durchaus in der Natur der Sache, nämlich in der Logik der Wechselwirkungen zwischen Demokratie und Finanzpolitik. Der Wähler in der Mitte der Verteilung stellt oftmals das Zünglein an der Waage dar. Da das Ziel des demokratisch gewählten Politikers seine Wiederwahl ist, begünstigt er jene Schichten, von denen er sich die entscheidenden Stimmen verspricht.«

»Sollte Umverteilung denn nicht der Herstellung von Gerechtigkeit dienen?« fragte Isabel.

Nikolaj lächelte.

»Damit wären wir wieder bei der Welt, wie sie sein sollte. Ich aber befasse mich mit der Welt, wie sie ist. Diese zu verstehen ist kompliziert genug. Und in der Welt, wie sie ist, dient die Umverteilung eben auch einem politökonomischen Zweck. Geschickte Strategien der Umverteilung gehören seit jeher zu den zentralen Waffen im Kampf um politische Macht.«

»Wie ich vermutet habe«, warf die Echse triumphierend ein, »der Staat ist unfähig, das Verteilungsproblem gerecht zu lösen. Auch die Personen, die ihn repräsentieren, können nicht anders, als im Eigeninteresse zu handeln. Damit sind sie selbst Teil jenes Problems, das sie lösen sollen.«

»Nicht ganz«, widersprach Nikolaj. »Es ist zwar richtig, dass es einen fundamentalen Konflikt gibt zwischen dem Eigeninteresse ökonomischer Akteure, dem politischer Akteure und dem Gemeinwohlinteresse. Auch ist die Wirkung der Umverteilung durch Steuern trotz des enormen Volumens relativ gering. Doch es gibt eine indirekte und wesentlich effektivere Möglichkeit der Umverteilung – nämlich die staatliche Finanzierung öffentlicher Güter wie Gesundheit und Bildung, wobei gerade der Zugang zu Bildung den einkommensschwachen Schichten hilft, ihre wirtschaftliche Situation zu verbessern. Und – was oft übersehen wird – wirkungsvoller als eine Umverteilung der Einkommen ist eine Umverteilung der Vermögen. Denn das Einkommen der Reichsten resultiert vor allem aus einem: ihrem gigantischen Vermögen.«

Isabel war erschöpft und setzte sich ins Gras.

»Wenn man so will, ist es ist wie mit einer zu kurzen Decke«, sagte der Kater, »entweder friert man oben, oder man friert unten. Entweder mehr Gerechtigkeit oder mehr Effizienz.«

»Eine Decke?« fragte Isabel, denn sie fror überall. Aber der Kater und die Eidechse waren ins Gespräch vertieft.

»Keine Frage, in dieser Lage«, sagte die Eidechse, »solange die Gerechtigkeit zunimmt, kann der allgemeine Wohlstand ruhig abnehmen.«

»Da bin ich ganz anderer Meinung«, widersprach der Kater, »soll die Gerechtigkeit ruhig abnehmen, solange der allgemeine Wohlstand zunimmt.«

Und so trollten sie sich, endlos darüber streitend, welche der beiden Lösungen wohl die bessere wäre. Nikolaj sah ihnen hinterher, über die Wiesen und Äcker, die sich wie die Felder eines riesigen Schachbretts bis zum Horizont ausbreiteten.

Die Montgolfière

Die Heimreise

»Hat der schwarze König mich wirklich geträumt?«

Lewis Carroll

»Wo kommt Ihr denn schon wieder her?«

»Wir wollen uns von Dir verabschieden«, sagte der Kater.

»Und Dir den Regenschirm zurückgeben.« Die Eidechse zog ihn aus einem Packen zusammengerollter Landkarten, den sie unter dem Arm trug.

Zerstreut nahm Nikolaj den Schirm in Empfang.

»Willst Du Dich denn nicht bei uns bedanken? Schließlich haben wir alles für Dich inszeniert.«

»Inszeniert? Für mich?«

Nikolaj sah die beiden erstaunt an.

»Was gibt es da nicht zu verstehen?« fragte der Kater.

»Aber ich träume doch nur«, sagte Nikolaj unsicher.

»Er meint, *er* träumt!« Der Kater sah zur Eidechse, und beide fingen an zu lachen.

»Wie kannst Du etwas *tun*, während Du *schläfst?* Wir sind es, die diesen Traum für Dich träumen«, sagte die Eidechse.

»Mit allem, was dazugehört. Zugegebenermaßen haben wir in Deinen Bibliotheken geschmökert. Schließlich sind wir keine Ökonomen«, sagte der Kater.

Nikolaj staunte, wie genau die beiden alle Fakten der Einkommensverteilung recherchiert und in Szene gesetzt hatten.

»Und das goldene Licht im Amt?«

»Sollen wir es Dir wirklich verraten? Nun, dieses Licht bewirkt, dass sich alles Sichtbare in einem Spektrum zwischen Gelb und Schwarz befindet, das nach kurzer Gewöhnung nur noch als Abstufung von Grauschattierungen wahrgenommen wird. In dem Maße, wie unser Gehirn weniger optische Informationen zu verarbeiten hat, erscheint es uns, als sähen wir mehr Details als sonst. Wir erleben eine Art Hypervision, in der wir vertraute Dinge in unvertrauter Deutlichkeit erkennen.«

»Ein Modell des Modells«, murmelte Nikolaj. »Und wie sind das Mädchen und Anthony in meinen Traum geraten?«

»Wir haben in Deiner Geheimschublade gekramt«, gestand die Eidechse.

Der Kater und die Eidechse hatten also alles getan, um jede Szene in allen erdenklichen Details lebensecht auszustatten und ihm damit die drastische Ungleichheit der Einkommensverteilung sowie die von jeder Gesellschaft aufs Neue zu lösenden Probleme von Effizienz und Gerechtigkeit vor Augen zu führen. Oder gab es noch etwas, was sie ihm sagen wollten?

Unweit von ihnen stand eine Montgolfière im Gras. Nikolaj erkannte in ihr die detailgenaue Vergrößerung des Modells, das er am Anfang seiner Reise im Regal des Kartenladens gesehen hatte. Die Eidechse machte sich daran, die Land- und Himmelskarten in den Korb des Ballons zu packen.

»Meine lieben Freunde«, verkündete sie schließlich, »nachdem ich Anderland kartographiert habe, muss ich mir einge-
stehen, dass ich nicht hierher gehöre. Mein Versuch, mir das
Gegenteil zu beweisen, war zwar vergeblich, aber«, sie hob
den Zeigefinger, »er war keineswegs umsonst! Meine unver-
käuflichen Karten werden nun ihre eigentliche Bestimmung
erfüllen und mir auf meiner Reise in die Welt jenseits des
Marktes den Weg weisen.«

Der Kater war beeindruckt.

»Das nenne ich Wagemut! Niemand weiß, ob dieses sa-
genhafte Jenseits überhaupt existiert! Aber was wäre die Welt
ohne Wagemut! Kein Abenteuer, keine Erkenntnis, keine
Kunst, keine Liebe!«

Er räusperte sich.

»Auch ich habe eine Ankündigung zu machen. Ich habe
sie gefunden.«

Er sah schwärmerisch zum Himmel.

»Sie ist riesengroß!«

Die Eidechse zuckte zusammen.

»Oh, eine Frage der Körpergröße?«

»Eine Frage der männlichen Herausforderung!«

»Und wie –?«

»Es ist wie eine Bergbesteigung. Auf dem Gipfel werde ich belohnt.«

»Womit denn?« fragte die Eidechse neugierig. »Mit einem Kuss?«

Der Kater zögerte, ob er sein Geheimnis preisgeben sollte und entschied dann, das liebevoll gereichte Schälchen Milch für sich zu behalten.

»Mit einer Sinnenfreude besonderer Art«, sagte er versonnen.

Während Nikolaj sich ausmalte, was aus seiner Sicht eine solche besondere Belohnung wäre, warf der Eidechsenkönig einen letzten Blick auf Isabel, die von einem Moment auf den anderen im Gras eingeschlafen war. Ein kühler Bodenwind erhob sich und fuhr in die Baumkronen. Nikolaj sah zum Himmel. Blaugraue Wolken ballten sich zusammen. Erste Regentropfen fielen.

»Hoffentlich holt sie sich keine Erkältung«, sagte er besorgt.

Der Kater kletterte auf seinen Ast.

»Isabel träumt.«

Nikolaj sah sie nachdenklich an.

»Wovon sie wohl träumt?«

»Na, von Dir!«

»Von mir? Aber ich bin doch hier!«

»Ja, weil Du in ihrem Traum vorkommst.«

»Sie wird sich erkälten. Ich muss sie …«

»… träumen lassen.« Der Kater fuhr seine Krallen aus und betrachtete sie. »Sie brauchte nur aus ihrem Traum aufzuwachen«, fügte er hinzu, »und schon würdest Du verschwinden.«

Nikolaj zog die Brauen zusammen. Nicht nur das Gespräch, in das er im Begriff war verwickelt zu werden, kam ihm bekannt vor. Auch die Situation, in ein Gespräch verwickelt zu werden, das ihm bekannt vorkam, kam ihn bekannt vor. Doch was spielte das für eine Rolle? Was kümmerte ihn diese verrückte Katze, was seine lückenhafte Erinnerung? Hatte er nicht jemanden sagen hören, der Kopf sei rund, damit das Denken die Richtung wechseln kann? Selbst wenn er nur Teil eines Traums von Isabel oder überhaupt alles nur ein Traum war: Isabel würde sich erkälten. Er mochte vergesslich sein, aber wenn er etwas nicht vergaß, dann war es, fürsorglich zu sein.

Er beugte sich zu dem schlafenden Mädchen hinunter, schob vorsichtig eine Hand unter ihre Schulter und legte die andere um ihre Taille, um sie hochzuheben. Als er den nachtblauen Schirm mit einem kaum hörbaren Klicken aufspannte, öffnete Isabel die Augen.

»Ist er denn windstabil?« hörte Nikolaj den Eidechsenkönig noch rufen.

Windstabil? Was dann geschah, vollzog sich in einem Zeitraum, der kürzer war als das Vorrücken des Sekundenzeigers auf seiner Armbanduhr und prägte sich in seinem Gedächtnis als eine rasche Abfolge blitzartig aufflackernder Bilder ein. Das Regenschirmdach wurde größer und größer, bis es sich grenzenlos wie der Nachthimmel über ihnen wölbte, während der Kater und der Eidechsenkönig immer kleiner wurden und sich mitsamt der Montgolfière und der Eiche in der Ferne verloren. Mit dem Schirm in der Hand und Isabel im Arm stürzte Nikolaj durch irrlichternde Dimensionen. Ein letztes Mal blickte er zurück und sah, dass jenes in die Schwärze des unendlichen Raums entschwindende Anderland nur eine Scheibe war.

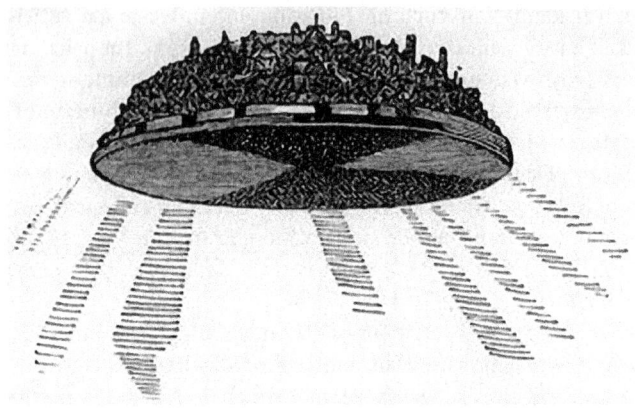

»Nikolaj, Farben!«

Isabels Stimme kam irgendwo aus dem Rot. Eingehüllt in klatschmohnroten Nebel hätte er auch mit Brille nicht weiter als bis zur Nasenspitze gesehen. Es gab keine Tiefe, keine sich in der Unendlichkeit schneidenden Parallelen, keine in Zahlen ausdrückbare Geometrie, keine Gewissheiten des Hier und Dort, des Oben und Unten, des Innen und Außen. Der Raum war Farbe geworden und Nikolaj zu einem Teil von ihr. Gehörte sein Körper noch ihm selbst? Seine Bewegungen wurden schwerelos.

»Wo sind wir?«

»In einem Regenbogen.«

»Und wo bist Du?«

»Hier!«

Als würde Sonnenlicht einfallen, lichtete sich das Rot zu Orange. Er fühlte sich hingezogen zu der Glut der Farbe, die Wärme und Leben zugleich war. Dort war Isabel.

»Wo?«

»Hier!«

Ihre Stimme entfernte sich wieder. Er streckte die Arme

aus ins Gelb. Wie das Glitzern der Morgensonne auf einer Wasseroberfläche drang die Farbe in sein Gemüt.

»Es ist nicht mehr weit. Komm!«

Er fand ins Grün. Blitzendes, sattes, frisches Grün wie das der biegsamen Getreidehalme, durch die er gegangen war, ob vor Stunden, Tagen oder Jahren, vermochte er nicht zu sagen.

Im Blau berührten sich ihre Hände. Und seine Seele wurde weit, als sie im Violett zueinander fanden.

13

Hier und Jetzt

Das Dilemma der Marktwirtschaft

> Ich musste also das Wissen aufheben,
> um zum Glauben Platz zu bekommen.
>
> *Immanuel Kant*

Als Nikolaj die Augen aufschlug, war ihm, als wachte er in einem anderen Leben auf. Seine Glieder waren schwer, und er fühlte eine Erschöpfung, als seien hundert Jahre oder mindestens ein halbes Menschenleben vergangen. Verwirrt vom Traumgeschehen und der lebhaften Erinnerung an das Mädchen mit dem Gerechtigkeitstick, das er gerade noch in den Armen gehalten hatte, sah er auf seine Armbanduhr. Er war nur für wenige Augenblicke eingenickt. Hatte er sich nicht vorgenommen, seine Schlafprobleme in den Griff zu bekommen? Hatte Miranda nicht bereits einen Termin im Schlaflabor ausgemacht? Er richtete sich auf und fuhr sich durchs Haar, wie um sich zu vergewissern, dass er noch er selbst war.

Der Kunstband lag aufgeschlagen auf dem Boden. Sein Blick fiel auf jenen Holzschnitt, den er vor dem Einschlafen studiert haben musste. Je länger er das Bild betrachtete, desto lebendiger wurde es. Ihm war, als befreite es sich aus seiner ursprünglichen Form zu fortlaufender Verwandlung, die all jene Grenzen aufhob, die sein Auge immer wieder aufs Neue darin ausmachen wollte, so dass Himmel und Erde, Tag und Nacht, weiße und schwarze Vögel als jeweils einander bedingende und aus einander hervorgehende Teile zu einem großen, untrennbar miteinander verwobenen, atmenden Ganzen wurden.

Unweit von ihm hing das große Bild an der Wand, aus farbigen Quadraten, in denen technisch wirkende Objekte schlummerten. In den Bücherregalen standen in schnurgerader Folge nach Jahrgängen geordnete Publikationen, die nach den Initialen *N. K.* darauf schließen ließen, dass er ihr Verfasser war. 30 Jahre Forschungsarbeit.

Sollte allein die Ratio die Erklärung von allem und jedem sein? Oder gab es doch noch etwas anderes? War seine Suche nach

Eleganz, Perfektion und Widerspruchsfreiheit in der Schönheit mathematischer Funktionen zur Erklärung der Wirklichkeit eine Illusion? War diese Wirklichkeit nicht viel reicher, widersprüchlicher, chaotischer, dunkler und unergründlicher als er sie mit dem Licht der Vernunft auch nur annähernd zu erfassen vermochte? War sie perfekt im Sinne einer Formel? Oder war sie von einer dem Menschen und seinen Vorstellungen gegenüber gleichgültigen und sich nach eigenem Gesetz entfaltenden Vollkommenheit? Ihm fiel das Gemälde des Mönchs am Meer ein, das er vor kurzem im Museum gesehen und ihn auf eine nicht in Worte zu fassende Weise gefesselt hatte. Doch die mit dem Mittel der Farbe eingefangene unfassliche Größe, Gewalt und Schönheit des Seins existierte im Gemälde nur als Abbild. Tatsächlich aber existiert sie immer nur im jeweiligen Hier und Jetzt. In *diesem* Moment.

Er öffnete das Fenster. Als täte er es zum allerersten Mal, spürte er, wie sich die blankpolierte Messingform des Griffs kühl in seine Handfläche schmiegte. Er fühlte, wie sich die Muskeln auf der Oberseite seines Unterarms kaum merklich spannten, als er zu einer sachten Drehbewegung ansetzte, deren Radius er zu seinem Erstaunen im Geiste vorwegnehmen konnte, und er nahm wahr, wie sein Bewusstsein zurückgriff auf die unzähligen Male, die er dieses Fenster auf genau dieselbe Weise geöffnet hatte. Für einen Moment offenbarte sich ihm das wie von einem Windstoß aufgeblätterte Buch seiner Erinnerung mit den weiträumigen Verzweigungen der in ihm eingeschriebenen Wahrnehmungen, Gedanken und Gefühle, und er erkannte in ihnen auch jene gesichtslosen Stimmen und Geister der Vergangenheit, die ihn manchmal heimsuchten im Grau zwischen Wachen und Schlafen. Er atmete den Honigduft von Lindenblüten ein, der zum Fenster hineinwehte und fühlte durch sein Hemd die Wärme der Sonnenstrahlen. Er fühlte, dass er lebte.

Plötzlich klopfte es an der Tür.

»Die Dame von gestern ist da, wegen des Interviews. Isabel Irgendwas, den Nachnamen habe ich nicht verstanden.«

»Bitten Sie die Dame herein.«

Er blieb am Fenster stehen. Isabel trat ein. Sie trug ein rotes schmalgeschnittenes Kleid.

»Es freut mich, dass es so schnell geklappt hat. Wo darf ich mich hinsetzen?«

Er bot ihr einen Stuhl am großen Konferenztisch an. Sie zog ein Aufnahmegerät aus ihrer Tasche und platzierte es auf einem der Bücherstapel in der Mitte zwischen ihm und ihr. Sie lächelte ihn an.

»Wir können anfangen.«

Er nahm seine Goldrandbrille ab und ließ sie in die Brusttasche seines Jacketts gleiten. Dann lehnte er sich zurück, verschränkte die Hände hinter dem Kopf und blickte nach oben, wie er es immer tat, wenn er sich konzentrierte.

»Was steckt hinter der riesigen Kluft zwischen Arm und Reich?«

Nikolaj breitete den Stoff vor ihr aus und zeichnete ein lebendiges Bild seines Wissens. Präzise erläuterte er die eine oder andere ökonomische Theorie. Hie und da sprach er leidenschaftlich und erleuchtete mit dem Feuer seiner Begeisterung auch die ihr unzugänglichen Winkel des Themas. Isabel folgte seinen Ausführungen mit gespannter Aufmerksamkeit, und in dem Maße, wie ihr Gespräch andauerte, ihre Fragen tiefer wurden und seine Antworten elaborierter, entstand zwischen ihnen ein Resonanzfeld einander zufliegender Gedanken. Auf ihrem Gesicht wechselten nachdenkliche Klugheit und angeregte Lebendigkeit wie zwei in musikalischem Dialog über die Tastatur eines Klaviers gleitende Hände. Mit ihren Fragen vermochte sie das Reifen eines keimenden Gedankens so rasch zu erfassen, als wäre sie mit ihrer Intuition bereits dort angekommen, wohin er mit der Ratio unterwegs war. An anderen Stellen lauschte sie ihm in stummer Konzentration, so dass eine kleine Falte zwischen ihren Augenbrauen sichtbar wurde, und hie und da verstrickte sie ihn in eine leidenschaftliche Debatte.

»Was bedeutet diese Kluft für die Gesellschaft?«

»Wachsende Ungleichheit bedeutet, dass die durch Wirtschaftswachstum erzielten Gewinne nicht gleich verteilt werden und nicht zu einem höheren Lebensstandard für alle führen. Die Folgen dieser ökonomischen Ungleichheit werfen Fragen nach sozialer Gerechtigkeit, gesellschaftlichem Zusammenhalt und politischer Gestaltungsmacht auf. Eine wachsende Kluft zwischen Arm und Reich unterminiert das Vertrauen in die für eine demokratische Gesellschaft fundamentale Vorstellung gemeinsamer Werte und eines geteilten Schicksals. Wir mögen zwar noch entfernt sein von besorgniserregenden Zuständen. Doch auch eine Gesellschaft wie die unsrige, die sich auf den über Jahrhunderte blutig erkämpften Idealen von Freiheit, Gleichheit und Brüderlichkeit gründet, ist nicht davor gefeit, sich wieder in eine zu verwandeln, in der sich Ressourcen, Reichtum und Macht in wenigen Händen konzentrieren. Die zunehmende Einkommenskonzentration am oberen Ende der Verteilung bedeutet nicht zuletzt, dass Spitzenverdiener immer größere ökonomische Ressourcen zur Verfügung haben, um die öffentliche Meinung oder die Politik selbst zu beeinflussen, mit der Folge, dass ökonomischer Reichtum sich in politische Macht verwandelt. Und es ist diese Form der Macht, welche die Ungleichheit noch verschärfen kann.«

»Gibt es eine Antwort auf die Frage der Gerechtigkeit?«

»Der Markt erhebt keinen Anspruch auf Gerechtigkeit. Die Frage der Verteilungsgerechtigkeit ist also keine an den Markt, sondern eine an die Gesellschaft. Ihre Aufgabe ist es, den eigenen Zusammenhalt zu gewährleisten. Ihr Wertesystem bestimmt, welches der geeignete Rahmen ist, um wirtschaftliche Freiheit und Gewinnstreben einerseits und Solidarität und Gemeinwohl andererseits so miteinander zu vereinbaren, dass die Wirtschaftsordnung nicht nur einigen wenigen, sondern jedem Einzelnen dient. Das große Thema der Gerechtigkeit führt folglich immer zu Werturteilsfragen. Und es sind die Antworten der Gesellschaft auf diese Fragen, die dann die Umverteilungsrolle des Staates bestimmen.«

Nikolaj machte eine Pause.

»Doch Wertesysteme sind Veränderungen unterworfen. Wenn das marktwirtschaftliche Umfeld, in dem der einzelne um sein Überleben kämpft, kompetitiver wird, hat dies Rückwirkungen auf das Wertesystem. Denn nicht nur ist der Markt ein Selektionsmechanismus, der großzügig belohnt und gnadenlos bestraft, sondern jedes erfolgreiche oder erfolglose Verhalten wird auf unmerkliche Weise in die Kategorien von richtig und falsch und schließlich in gut und schlecht überführt. Ein solcher Wertewandel ist kein allein ökonomisches Thema mehr, sondern betrifft das menschliche Zusammenleben von uns allen.«

Zwischen Isabels Augenbrauen bildete sich eine kleine Falte.

»Also schafft der vermeintlich wertfreie Markt aus sich selbst heraus Werte – Werte, die jenes egoistische Verhalten verstärken, das seinerseits die Ungleichheit erhöht?«

»Darf ich Ihnen dazu eine kleine Anekdote erzählen?«

»Im hohen Norden Kanadas bereitete sich ein Trapper auf den Winter vor. Er hackte eifrig Holz und stapelte es vor seiner Hütte. Sicherheitshalber fragte er einen vorbeikommenden Indianer nach den Aussichten für den Winter. Es sei mit einer normalen Kälte zu rechnen, lautete seine Antwort. Der Trapper stapelte weiter Holz. Kurz darauf kam der Häuptling vorbei, dem der Trapper dieselbe Frage stellte. Überraschenderweise erwartete der Häuptling einen kälteren Winter als gewöhnlich. Daraufhin stapelte der Trapper noch mehr Holz. Schließlich kam auch der Oberhäuptling des Weges. Auch diesen fragte der Trapper nach den Aussichten. Der Oberhäuptling antwortete, dass er einen extrem langen und bitterkalten Winter erwarte. Erschrocken machte sich der Trapper ans Werk, immer noch mehr Holz zu hacken. In einer kurzen Atempause fragte er den Oberhäuptling, ob er und seine Stammesmitglieder denn über ein besonderes Gespür verfügten, das ihnen diese Voraussicht ermöglichte. Der Häuptling verneinte; doch eines sei gewiss: Wenn ein erfahrener Trapper dermaßen viel Holz vor seiner Hütte stapele, dann könne nur ein extrem harter Winter bevorstehen.«

»Dann gilt auch für den Markt so etwas wie eine sich selbst bewahrheitende Prophezeiung?«

Statt zu antworten zog Nikolaj seinen Füllfederhalter aus der Innentasche seines Jacketts und hielt ihn in die Luft.

»Wenn ich jetzt behaupten würde, dass dieser Füllfederhalter nach oben fliegt, sowie ich ihn loslasse, hätten Sie allen Grund, an meinem Verstand zu zweifeln. Würde ich genau dasselbe in einer Ökonomie-Vorlesung behaupten, gäbe es dazu allerdings keinerlei Anlass. Denn im Marktgeschehen könnte der Füllfederhalter bildlich gesprochen tatsächlich an die Decke fliegen – wenn es nur genügend viele Marktteiler erwarten.«

»Dann ist dieses Phänomen in der Ökonomie ein realer Einflussfaktor?«

Nikolaj nickte.

»Es entsteht immer dann, wenn nicht das zählt, was ist, sondern das, was die meisten Marktteilnehmer glauben was sei. Dieser Glaube beruht nicht auf Fakten, sondern auf Erwartungen. Und wie so oft, führen Erwartungen zu Handlungen, die unumstößliche Tatsachen schaffen. Viele Wirtschaftskrisen sind auf diese Weise entstanden. Aber auch jene unmerklichen Mechanismen der Werteverschiebung, welche die ökonomische Ungleichheit vorantreiben.«

»Ein Schlusswort?«

»Die ökonomische Ungleichheit ist ein unausweichliches Thema, denn sie wurzelt in der instinktiven Natur des Menschen. Seine Gier und seine Neugier treiben sowohl den Wettbewerb als auch den technologischen Wandel voran, die ihrerseits unausweichlich dazu führen, dass die Ungleichheit zunimmt.«

»Was kann die Gesellschaft also tun?«

»Die Schwierigkeit besteht darin, dass alle staatlichen Maßnahmen, die wie Steuern, Subventionen oder Regulierungen auf eine Umverteilung der Einkommen zielen, in der Regel auch dazu führen, dass der zu verteilende Wohlstand geringer wird. Denn sie mindern den antreibenden Anreiz, mehr zu verdienen als der Durchschnitt. Will man den Wohlstand vergrößern, muss man jenen Anreiz und damit die Aussicht auf eine höhere Entlohnung erhalten, was wiederum dazu führt, dass sich die Kluft zwischen Gewinnern und Verlierern vergrößert. Doch ein Blick in die Wirtschaftsgeschichte zeigt, dass eine zu große Kluft zwischen Arm und Reich die soziale Stabilität einer Gesellschaft und damit auch eine funktionierende Marktwirtschaft zusammenbrechen lässt. Das bedeutet: *Die Ungleichheit als Voraussetzung des Systems kann am Ende die Ursache seiner Zerstörung werden.*«

Er sah sie an.

»Es gibt keine einseitige Lösung. Nichts steht für sich allein. Das eine bedingt das andere – und das andere das eine. Die Welt scheint wie das Leben selbst: ein ewiger Balanceakt.«

Isabel stellte das Aufnahmegerät aus.

Nikolaj, der sich nur ungern dem Verhör eines Interviews aussetzte, stellte zu seinem Erstaunen fest, dass er bedauerte, dass es vorüber war. Er setzte die Brille auf, so dass er seine Umgebung wieder präzise wahrnahm und rückte seinen Stuhl näher an den Tisch.

»Habe ich all Ihre Fragen beantwortet?«

Isabel nickte.

»Ja, das haben Sie.«

Als sie das Aufnahmegerät in die Tasche schob, ertappte sich Nikolaj dabei, wie er sich in die Betrachtung ihres Profils vertiefte, ihres Kopfes, der anmutigen Bewegung ihrer Hände. Die Nachmittagssonne fiel auf ihr entspanntes Gesicht, und Nikolaj vermochte nicht zu sagen, ob der Glanz, den er darin wahrnahm, von der Lichtwirkung herrührte, oder von einer aus ihrem Innern hervorleuchtenden Empfindung, deren Bedeutung ihm verschlossen blieb.

Er merkte, wie er sie nicht nur mit den Augen ansah, sondern mit seinen Gedanken. Einen Moment lang war er versucht, an Magnetismus zu glauben. Er fasste sich.

»Gestatten Sie mir eine Frage?«

»Natürlich, nachdem ich Sie über das Maß der Höflichkeit hinaus mit meinen gequält habe!«

»Haben Sie schon einmal eine Eidechse gesehen, die Tee trinkt?«

»Wie kommen Sie denn darauf?« Isabel zog die Augenbrauen hoch.

Nikolaj wusste nicht, was er darauf antworten sollte und glaubte, einen Fehler gemacht zu haben. Schon wollte er seinen Gedanken verwerfen, es könne doch etwas geben, was jenseits der rationalen Vernunft Bestand hätte, als sie fortfuhr:

»Ob Sie es glauben, oder nicht: Ja, das habe ich. Im Sommerurlaub besuchte mich jeden Morgen eine kleine Eidechse mit goldenen Augen. In der immer gleichen Entfernung verharrte sie reglos auf dem Steinboden, um in einem unbeobachteten Moment zu der weißen Porzellantasse zu huschen, die neben meinem Liegestuhl stand, an ihrem Henkel empor zu klettern, sich über den Rand zu beugen – ein Kunststück, dort das Gleichgewicht zu halten – und in winzigen Schlucken Tee zu trinken.«

Isabel sah Nikolaj an, dass seine Gedanken bereits woanders waren.

»Ich habe sogar ein Foto davon.«

Nikolaj hörte ihre letzten Worte nicht. Er wusste jetzt, dass alles seine Richtigkeit hatte. Das Leben hatte eine Tür geöffnet – ins Hier und Jetzt. Doch das ist eine andere Geschichte.

Anhang

Die Darstellung in Kapitel 10 (Die Parade) basiert auf Berechnungen,
die in den nachfolgenden Tabellen zusammengefasst sind:

PARADE (Deutschland 2010)				
Berufe/sonstige Einkommen	Minute des Erscheinens in der Parade	Körpergröße in m*	Bruttojahresverdienst (in Euro)	Quelle
»Hartz IV« = ALG2 – Regelbedarf für einen alleinstehenden Erwachsenen = 359 €		0,18	4.308	4
Maximales Bafög = 648 € monatlich		0,33	7.776	3
Durchschnittsrente = 963 €		0,49	11.556	7
Freiberufliche Schauspieler		0,52	12.318	11
Friseure		0,72	17.000	9
Hilfsarbeiter ohne nähere Tätigkeitsangabe		1,00	23.574	9
Kellner, Stewards		1,01	23.792	9
Köche		1,07	25.132	9
Gärtner, Gartenarbeiter		1,15	26.966	9
Gastwirte, Hoteliers, Gaststättenkaufleute		1,22	28.568	9
Medianeinkommen	30	1,22	28.645	1 und 10
Lager- und Transportarbeiter		1,22	28.730	9
Kraftfahrzeugführer		1,23	28.862	9
Dachdecker		1,23	28.945	9
Pförtner, Hauswarte		1,29	30.202	9
Maurer		1,35	31.717	9
Sozialarbeiter, Sozialpfleger		1,38	32.436	9
Straßenreiniger, Abfallbeseitiger		1,43	33.600	9
Schweißer, Brennschneider		1,49	34.995	9

PARADE (Deutschland 2010)				
Berufe/sonstige Einkommen	Minute des Erscheinens in der Parade	Körpergröße in m*	Bruttojahresverdienst (in Euro)	Quelle
Kindergärtnerinnen, Kinderpflegerinnen		1,49	35.027	9
Metallarbeiter		1,50	35.343	9
Bauschlosser		1,57	36.764	9
Krankenschwestern und -pfleger, Hebammen		1,59	37.245	9
Feinmechaniker		1,59	37.290	9
Bürohilfskräfte		1,60	37.483	9
Heimleiter, Sozialpädagogen		1,65	38.834	9
Werkzeugmacher		1,71	40.072	9
Durchschnittseinkommen	42	1,72	40.400	10
Fahrbetriebsregler, Schaffner		1,75	41.053	9
Bibliothekare, Archivare, Museumsfachleute		1,78	41.840	9
Bürofachkräfte		1,87	43.884	9
Bergleute		1,95	45.685	9
Buchhalter		2,01	47.172	9
Gymnasiallehrer		2,15	50.524	9
Hochschullehrer, Dozenten an höheren FS und Akademien		2,17	50.892	9
Architekten, Bauingenieure		2,53	59.398	9
Wirtschafts- und Sozialwissenschaftler, Statistiker		2,85	66.838	9
Physiker, Physikingenieure, Mathematiker		3,09	72.494	9
Elektroingenieure		3,14	73.863	9
Übrige Fertigungsingenieure		3,15	74.044	9

PARADE (Deutschland 2010)				
Berufe/sonstige Einkommen	Minute des Erscheinens in der Parade	Körpergröße in m*	Bruttojahresverdienst (in Euro)	Quelle
Ingenieure des Maschinen- und Fahrzeugbaus	3,16		74.266	9
Unternehmensberater, Organisatoren	3,18		74.757	9
Chemiker, Chemieingenieure	3,34		78.453	9
Rechtsvertreter, -berater	3,38		79.330	9
Leitende und administrativ entscheidende Verwaltungsfachleute	3,38		79.336	9
Luftverkehrsberufe	3,69		86.770	9
Ärzte	3,89		91.299	9
Unternehmer, Geschäftsführer, Geschäftsbereichsleiter	4,17		97.864	9
Bundestagsabgeordnete [in etwa: Richter am Bundesgerichtshof (R6)]	4,24		99.684	2
Niedergelassene Ärzte	7,38		173.385	11
Bundeskanzlerin	8,09		189.993	11
Bestbezahlter Aufsichtsratsvorsitzender	19,75		464.000	11
Geschäftsführer in Firmen mit mehr als 1000 Mitarbeitern	24,27		570.000	11
Bestbezahlter Vorstandschef der DAX-Unternehmen	417,23		9.800.000	11

* bei einer Durchschnittskörpergröße von 172 cm gemäß Quelle 8 und einem Durchschnittseinkommen in Höhe von 40.400 € gemäß Quelle 10

138 Anhang

Unterstes 2005er Einkommen der TOP ...	Minute, Minuten-anteil	Körpergröße in m**	Einkommen (in Euro)	Quelle
10%	54	3,4	69.600	
1%	59,40000	7,5	154.400	
0,1%	59,94000	23,9	491.900	1
0,01%	59,99400	109,3	2.248.900	
0,001%	59,99940	532,1	10.951.900	
0,00001%	59,99999	2796,6	57.558.500	

** bei einer Durchschnittskörpergröße von 172 cm gemäß Quelle 8 und einem Durchschnitts-einkommen in Höhe von 35.400 € gemäß Quelle 1

Abschlussriese: Karl Albrecht	Körpergröße in km***	Geschätztes Einkommen in Euro****	Quelle
Vermögen (2010) = 23,5 in Mrd. $	37,77	887.125.000	5
		unterstellter Zins-satz = 5%	

*** bei einer Durchschnittskörpergröße von 172 cm gemäß Quelle 8 und einem Durch-schnittseinkommen in Höhe von 40.400 € gemäß Quelle 10

**** Wechselkurs gemäß Quelle 6

Die verwendeten Datenquellen sind:

1. Bach, Stefan, Corneo, Giacomo and Steiner, Viktor (2013): »Effective Taxation of Top Incomes in Germany«; *German Economic Review*, Volume 14 (2): 115–137.
2. Besoldungstabelle 2012 (http://www.dbw-online.de/media/pdf/besoldungsordnung_R_rug_012007.pdf)
3. Bundesministerium für Bildung und Forschung (http://www.bafög.de/)
4. Bundesregierung: Entwicklung der Hartz IV-Regelsätze seit 2005 (http://www.bundesregierung.de/ContentArchiv/DE/Archiv17/_Anlagen/2013/09/2013-09-04-entwicklung-regelsaetze.pdf?_blob=publicationFile&v=1)
5. Forbes (2010): The World's Billionaires (http://www.forbes.com/lists/2010/10/billionaires-2010_The-Worlds-Billionaires_Rank.html)
6. OECD (2010): Exchange rate, National currency per US$ (http://stats.oecd.org/Index.aspx?QueryId=51626)
7. Rentenversicherungsbericht des Bundesministeriums für Arbeit und Soziales (http://www.bmas.de/SharedDocs/Downloads/DE/renten-versicherungsbericht-2010.pdf?__blob=publicationFile)
8. Statistisches Bundesamt (2010): Durchschnittliche Körpergröße in Deutschland (https://www.destatis.de/DE/ZahlenFakten/GesellschaftStaat/Gesundheit/GesundheitszustandRelevantesVerhalten/Tabellen/Koerpermasse.html)
9. Statistisches Bundesamt (2010): Verdienste und Arbeitskosten: Verdienststrukturen; Fachserie 16: Verdienststrukturerhebung 2010 (https://www.destatis.de/DE/Publikationen/Thematisch/VerdiensteArbeitskosten/VerdiensteBerufe/Verdienststrukturerhebung2162001109004.pdf?__blob=publicationFile)

10. Statistisches Bundesamt (2011): Wirtschaftsrechnungen – Laufende Wirtschaftsrechnungen, Einnahmen und Ausgaben privater Haushalte; Fachserie 15, Reihe 1 (https://www.destatis.de/DE/Publikationen/Thematisch/EinkommenKonsumLebensbedingungen/LfdWirtschaftsrechnungen/EinnahmenAusgabenprivaterHaushalte2150100117004.pdf?__blob=publicationFile)
11. Süddeutsche Zeitung (http://www.sueddeutsche.de/karriere/gehaeltervergleich-in-deutschland-ackermann-schluckt-sie-alle-1.975186)

Paradendarstellungen gibt es in den unterschiedlichsten natur- und gesellschaftswissenschaftlichen Zusammenhängen. Im Kontext der Einkommensverteilung war Jan Pen (1971, *Income Distribution*, Allen Lane, The Penguin Press; vgl. insbes. S. 48–59) einer der ersten Anwender. Pen seinerseits bezog sich auf die antike Figur des Prokrustes.

Abbildungsverzeichnis

Printed by Printforce, the Netherlands